福建省高速公路施工标准化管理系列指南

福建省高速公路施工标准化管理指南

Fujian Sheng Gaosu Gonglu Shigong Biaozhunhua Guanli Zhinan

第四分册　桥梁工程

Di-si Fence　Qiaoling Gongcheng

（第三版）

福建省高速公路建设总指挥部　组织编写

人民交通出版社

北　京

内 容 提 要

本书为《福建省高速公路施工标准化管理指南　第四分册　桥梁工程》(第三版),系在现行高速公路桥梁工程设计、施工、验收等相关标准、规范基础上,总结福建省多年来高速公路桥梁建设实践经验编制而成。本书图文并茂地对桥梁工程施工工序、技术、工艺和管理进行说明,将规范化管理、标准化施工的理念贯穿于施工管理全过程。本书对于规范高速公路桥梁工程施工,克服质量通病,提高管理水平,保证施工质量和安全生产有很好的指导作用。

本书适用于福建省所有新建、改(扩)建高速公路项目,以及新增独立互通和出入口工程(含连接线)的桥梁工程,也可供其他省份相关管理与技术人员参考使用。

图书在版编目(CIP)数据

福建省高速公路施工标准化管理指南. 第四分册, 桥梁工程 / 福建省高速公路建设总指挥部组织编写. 3 版. — 北京 : 人民交通出版社股份有限公司, 2024. 12. — ISBN 978-7-114-20045-8

Ⅰ. U415.1-62

中国国家版本馆 CIP 数据核字第 20253QA939 号

福建省高速公路施工标准化管理系列指南

书　　名: **福建省高速公路施工标准化管理指南　第四分册　桥梁工程**(第三版)
著 作 者: 福建省高速公路建设总指挥部
责任编辑: 朱伟康　师静圆
责任校对: 卢　弦
责任印制: 张　凯
出版发行: 人民交通出版社
地　　址: (100011)北京市朝阳区安定门外外馆斜街 3 号
网　　址: http://www.ccpcl.com.cn
销售电话: (010)85285857
总 经 销: 人民交通出版社发行部
经　　销: 各地新华书店
印　　刷: 北京市密东印刷有限公司
开　　本: 880 × 1230　1/16
印　　张: 9
字　　数: 194 千
版　　次: 2024 年 12 月　第 3 版
印　　次: 2024 年 12 月　第 1 次印刷
书　　号: ISBN 978-7-114-20045-8
定　　价: 90.00 元

本书编写人员

主　　编：陈礼彪

副 主 编：刘光东　林志平

参编人员：许　晟　林毅标　牛海喜　廖仲鸿

黄　键　李　音　林　威　陈书耀

主编单位：福建省高速公路建设总指挥部

福建省高速公路集团有限公司

参编单位：福建省高速公路学会

前　言

2013 年 12 月,我部组织对“福建省高速公路标准化管理系列指南”进行了第一次修编,各参建单位通过近十年的认真贯彻和执行,取得了较好的成效,有效控制了工程质量安全,提高了建设管理水平。党的十八大以来,党中央提出贯彻“创新、协调、绿色、开放、共享”五大发展理念,我国进入了高质量发展的新阶段。《交通强国建设纲要》《质量强国建设纲要》《国家综合立体交通网规划纲要》的陆续发布,开启了我国交通运输建设的新篇章。福建省也积极响应,全力开展交通强国先行区建设。根据福建省委、省政府发布的《福建省综合立体交通网规划纲要》,未来一段时间福建省高速公路将进入新一轮的建设高峰。为更好地贯彻落实交通强国、质量强国的要求,把握新发展阶段,贯彻新发展理念,构建新发展格局,全方位推动福建省高质量发展,更好地“服务发展、服务民生、服务国防建设”,推动福建省高速公路建设向更高速度、更高水平、更高质量发展,我部组织对“福建省高速公路标准化管理系列指南”进行了第二次修编。

本次修编是在近十年“福建省高速公路标准化管理系列指南”使用的基础上,针对使用过程中存在的问题和不足,结合最新的标准、规范、规程,以及交通运输部关于创建绿色公路、平安百年品质工程等工作要求,吸纳已广泛应用的新技术、新工艺、新材料、新设备等和其他省(区、市),以及铁路、市政、建筑等行业可借鉴的经验做法,体现了新时代福建省高速公路建设管理“标准化、均质化、工业化、智能化、绿色化”的具体要求。修编后的“福建省高速公路施工标准化管理系列指南”共七个分册,包括工地建设、路基工程、路面工程及交通安全设施、桥梁工程、隧道工程、生态保护与恢复、工程信息化管理。

本书为第四分册“桥梁工程”,在 2013 年版的基础上,着重从工序、技术、工艺和管理标准化的角度,对现行标准、规范作了进一步补充,并吸纳了各参建单位一些新的做法、工艺及技术等,旨在更有效地消除质量通病,提高施工管理水平,确保高速公路桥梁工程质量,构建标准化、精细化、集约化和数字化的施工体系。

本次修订的主要内容包括:

(1)强调关键工序和关键过程的施工技术与质量控制要点;从材料源头管控,落实机制砂、桩基等绿色施工理念及低碳节能的要求。

(2)以目标为导向,第 3 章和第 6 章对钢筋加工、预应力施工、智能张拉与智能压浆系统、喷淋养生等要求进行了细化,提倡使用智能设备,实现施工标准化、管理信息化。

(3)第 4 章和第 5 章删减了本省高速公路建设应用较少的索塔、沉入桩、加筋土桥台以及淘汰工艺,新增围堰、沉井等施工要求;第 4 章至第 7 章删减了施工流程图;第 6 章增加了钢结构相关技术要求,鼓励使用桩头环切法、新型组合模板、BIM(建筑信息模型)等“四新”技术;删除了附录 A 桥梁缺陷修复,缺陷修复参照国家、行业现行规范和指南等执行。

(4)细化了施工风险评估和施工过程安全设施管理,构建双重预防机制的安全管理理念,加大隐患排查力度,避免高危作业风险,并在相应章节推行环绕式安全施工平台、承插盘扣支架、大型支架、基坑和架桥机安全监测;删除了附录 B LEC 法(格雷厄姆),施工风险评估参照国家、行业现行规范和指南等执行。

本指南可供高速公路项目各参建单位、参建人员使用。使用过程中发现的问题和修改意见,请反馈至福建省高速公路建设总指挥部建设管理部(福州市东水路 18 号交通综合大楼 21F,邮编 350001),以便修订时参考。

福建省高速公路建设总指挥部

2024 年 12 月

目　　录

1 总则

1.1 目的及适用范围

1.1.1 为规范高速公路桥梁工程施工各环节管理,防治桥梁施工常见的质量通病,突出高起点高标准严要求,显著提升我省高速公路工程项目管理水平和文明施工形象,确保项目工程质量安全,编制本指南。

1.1.2 本指南适用于福建省所有新建、改(扩)建高速公路项目,以及新增独立互通和出入口工程(含连接线)的桥梁工程。

1.2 编制依据

1.2.1 《交通强国建设纲要》《质量强国建设纲要》《国家综合立体交通网规划纲要》《福建省综合立体交通网规划纲要》和交通运输部绿色公路、品质工程指导意见及现行相关要求。

1.2.2 国家,中国工程建设标准化协会、交通运输部等工程建设标准主管部门发布的与桥梁施工相关的文件、标准、规范、规程和指南等。

1.2.3 福建省颁布施行的相关文件、规定,以及近年来福建省高速公路建设过程中好的经验、措施、做法等。

1.2.4 已广泛应用的新技术、新工艺、新材料、新设备等,以及其他省(区、市)和铁路、市政、建筑等行业可借鉴的经验做法等。

1.2.5 桥梁施工除应符合本指南的规定外,尚应符合国家和行业现行有关标准的规定。

1.3 总体要求

1.3.1 桥梁工程施工前应按照"连续性、均衡性、节奏性、协调性和经济性"的原则编制实施性施工组织设计方案。对技术条件复杂的工程,应进行多方案比选,编制安全可靠、技术可行、经济合理的专项施工方案;还应根据规定进行施工安全风险评估,以提高施工现场安全风险预控的有效性。

1.3.2　桥梁工程施工在应用成熟、先进的施工工艺和工法的同时,鼓励应用新技术、新工艺、新材料、新设备,提高桥梁施工管理水平和技术水平,逐步实现作业自动化、智能化,促进施工精细化、工业化。

1.3.3　桥梁施工临时工程应节约用地,少占农田,并按照国家有关规定做好环境污染预防措施;桥梁交工后,应及时对临时工程、临时辅助设施、临时用地和废弃物等进行处理,做到工完场清。

1.3.4　桥梁安全文明施工应形成长效机制,严格遵守各项安全操作规程,同时加强安全生产教育,建立和健全各项生产管理制度。

1.3.5　桥梁工程构件落实首件工程分析制。新进场的桥梁施工班组应进行首件分析,不符合要求的施工班组应予以更换。

2 施工准备

2.1 一般规定

2.1.1 施工单位应按招标文件的要求及现场施工需要配齐人员、机械设备和测量、试验检测仪器，建立相应的施工管理机构，制定现场管理的各项规章制度，落实管理措施。人员和机械设备如需更换，应按合同约定和相关程序办理。

2.1.2 应考虑施工过程对陆上和水上交通的影响，制定保通保畅方案，不得随意中断主航道和陆上主要交通干线(图2.1.2)。在跨越等级公路、航道以及铁路时，应事先与交警、路政、海事、港监、航道、水务、铁路等有关部门沟通，按规定办理相关手续。涉及交叉施工的工程，应先编制相关专项施工方案，明确各工程施工顺序，做好安全防护措施，确保施工安全。

图2.1.2 跨线桥施工防护

2.1.3 各个分项工程开工前，施工技术文件和施工方案应已审批，施工技术人员与工人应已全部到位，并进行技术交底，明确质量、安全、工期、环保等要求；钢筋、水泥、砂、碎石、泥浆等材料均已到场并通过检验。

2.1.4 桥梁工程实行首件工程分析制。重点做好桥梁桩基、承台、墩身、台身、预制梁的预制与安装、现(悬)浇梁及现浇护栏的首件工程。第一个成品或半成品完成后，由施工单位编制首件工程总结报告，其内容包括施工技术方案、施工工艺、质量保证措施、缺陷分析及采取的整改措施、检测数据。监理工程师组织施工单位对首件工程进行总结和综合评价,验证施工工艺的可靠性和合理性,找出工料机的最佳组合参数与相关工艺参数,由监理单位组织召开首件工程分析会(图 2.1.4),同时形成会议纪要指导后续施工。

图 2.1.4　首件分析会议

2.1.5　工地试验室建设及要求参照“工地建设”分册第 2.4 节、交通运输部《公路水运工程质量检测管理办法》(交通运输部令 2023 年第 9 号)和《福建省高速公路工程试验检测管理办法》等进行建设和管理。

2.2　技术准备

2.2.1　图纸文件交底

1　建设单位应组织各参建单位专业技术人员接受设计单位分阶段、分专业(含动态设计、变更设计)的设计技术交底。在开工前,应组织技术人员熟悉设计图纸,领会设计意图,核对工程数量及图纸中的漏、错,应进行现场核实,全面核对坐标、高程和关键构造尺寸。对图纸中存在的问题以及对设计的建议,应及时上报,设计单位对问题进行核实后反馈。

2　在对工程进行施工调查及现场核实后,施工单位应根据设计要求、合同明确的总体工期和关键节点工期的控制要求及现场情况等,完成实施性施工组织设计的文件编制。

3　施工前应建立质量管理机构,制定质量管理制度、质量保证体系、质量检测流程等,提出质量保证措施,以控制工程的施工质量。

4　桥梁工程中涉及《建设工程安全生产管理条例》第二十六条规定的需要编制专项施工方案的,应按要求编制专项施工方案。专项施工方案应包括施工组织、施工技术、施工工艺和施工安全管理等,由施工单位负责编制,报监理工程师审批后报备建设单位。施工单位应严格按批复的施工技术方案组织实施,在实施过程中若发现方案中有不可行的内容或未预见到的问题,应及时调整或修改,并重新上报审批后方可组织实施。

5 施工单位应在开工前对本合同段的单位工程、分部工程和分项工程进行划分,并报送监理工程师审批。施工过程中应及时对相关资料进行整理、归档,并按建设单位要求的时限提交竣(交)工文件,经审核合格后,存放于指定地点。

6 施工单位应制定培训制度,加强对一线操作人员的岗前培训、上岗考试等教育培训。

2.2.2 施工测量

1 施工单位应根据工程特点,配备符合精度等级要求的测量仪器。测量仪器在使用前应经有资质的计量检定机构检定。施工过程中应加强维护、定期核查,使其始终保持良好状态。

2 施工前由勘测设计单位对控制点进行现场交桩,施工单位接桩后,将测量控制点编号后绘于施工总平面图上,做好各桩点的保护措施,直到工程竣工,并完成导线点、水准点复测和加密工作。应对控制网(点)进行不定期的检测和定期复测,定期复测周期应不超过6个月,同时加密的控制点均按永久性设置(图2.2.2)。

图2.2.2 永久性控制点

3 大型桥梁工程的每一端应埋设平面控制点和水准控制点不少于2个,宜建立独立的施工测量控制网。三角网基线不少于2条并和桥轴线相连。

4 施工放样测量前,应对桥梁各墩台的控制性里程桩号、基础坐标、设计高程等数据进行复核计算,确认无误后再施测。

5 应选择合适的测量方法,重要部位采用"双人、双机、双法"的校核及计算方式,减少或避免测量过程中的人为错误,最大限度地防止出现差错。

6 竣(交)工后应向管养部门移交控制网,跨标段的桥梁应进行联测。

2.2.3 技术交底

1 施工技术交底按三级进行,即项目总工向项目的领导层、管理部门及施工作业层的有关人员的施工技术交底为一级;单项技术负责人向施工的工长、技术人员、班组长的施工技术交底为二级;施工班组长向施工作业人员的施工技术交底为三级。宜采用动画、视频、BIM(建筑信息模型)等形式,交底过程应形成记录,交底双方应在交底记录上签字。

2　各级技术交底的主要内容。

1)一级交底的主要内容包括:

主要施工方案、施工流程、主要施工工艺和方法、关键技术、施工质量标准、施工总计划、安全目标、质量目标等。

2)二级交底的主要内容包括:

详细介绍施工工艺流程、施工工艺和方法、施工工序计划、工序划分、质量要求与质量控制措施、安全文明施工要求及保证措施、环境与健康的目标与控制措施。

3)三级交底的主要内容包括:

具体每一道工序的施工方法、操作要领与操作规程及工序交接注意事项。

2.3　作业条件准备

2.3.1　机具准备

1　工程所使用的电梯、起重机械等特种设备,使用前应具有法定检验机构出具的检验检测合格证明,其安装调试、拆卸应具有经审批的施工方案及安全技术措施,并应由具备安装、拆卸资质和从业人员资格的队伍进行安拆。

2　所使用的机械设备如钻机、起吊设备等应在显著位置悬挂操作规程牌,规程牌上应标明机械名称、型号种类、操作方法、保养要求、安全注意事项及特殊要求等。机械设备显目处宜张贴有效的二维码。

3　现场各类机械设备应符合施工组织设计或满足现场施工生产进度要求,质量证明文件齐全,状态良好。设备安全可靠,运转正常,严禁带病作业。施工单位应定期对施工机械(具)设备进行检查维修、保养清洗。需标定的设备应按要求进行标定。

4　施工机械其他具体要求见"工地建设"分册及本指南有关章节。

2.3.2　材料准备

1　施工单位进场后应对施工中涉及的工程材料进行现场调查,并应结合工程规模和施工进场安排确定仓储数量,选择信誉良好的供应商和生产商,落实好材料管理"源头把关,过程控制"的各个环节。

2　用于桥梁工程的混凝土应使用散装干法旋窑水泥。

3　建设所需的砂、碎石等地材由施工单位自行负责组织加工或采购。自行开采的单位应办理矿管手续,并做好环境保护工作,防止水土流失。应采用反击破设备生产碎石,使用前应用水冲洗,确保不造成污染方可用于施工。

4　机制砂应满足现行《建设用砂》(GB/T 14684)、《公路工程机制砂应用技术规范》(JTG/T 3681)《公路工程　水泥混凝土用机制砂》(JT/T 819)和《公路工程混凝土机制砂应用技术规程》(DB35/T 1924)等标准的规定。

5　桥梁施工用的钢筋、水泥、伸缩装置、橡胶支座、钢绞线、锚具、外加剂等材料可由施工单位自行采购,但不得使用福建省高速公路建设总指挥部(以下简称“省高指”)公布的高速公路建设项目工程材料生产厂家限制名单中相关厂家所生产的产品。

6　施工单位应严格控制材料料源及其生产工艺,所有材料、半成品、成品应在自检和监理工程师抽检合格后方可使用,外委试验项目应事先报经监理工程师同意。原材料、半成品应按其检验状态和结果、使用部位等进行标识。

7　桥梁工程各个分项工程开工前,所需的各种材料均应进场前验收合格,应考虑材料的防火、防盗、防潮湿、运输、装卸、加工等因素并根据材料的性能和用途合理选择存放场所,规范码放,避免二次倒运。

8　施工单位应及时建立工程材料管理台账,记录材料的生产厂家、出厂日期、进场日期、数量、规格、批号及使用部位,还应记录送检日期、代表数量、检测单位、检测结果、报告日期以及不合格材料的处理情况等内容。

9　模板实行准入制度。特殊结构模板工程应由具备相应资质的设计单位进行专门设计,施工方案经相关部门审批;现(悬)浇桥梁模板的支撑系统和预制梁液压模板也应进行设计计算,模板进场后应组织验收。

10　使用商品混凝土的应满足桥梁工程的相关要求,并与供应单位签订技术指标合同。

11　桥梁钢构件需外露的均应进行防腐处理,钢板的焊接均应采用坡口焊接,焊缝探伤检测合格后方可使用。

2.4　施工现场准备

2.4.1　桥梁施工现场应统一规划、合理布局,并绘制桥梁分段(孔)平面布置图。

2.4.2　桥梁工程开工前应完成“四通一平”,即做好临时水、电、通信和施工便道(便桥)的修建工作,并做好场地平整、硬化、排水等工作。

2.4.3　水上施工的钢栈桥及水上施工平台应进行专业设计及专项评审,各项指标应满足施工和安全环保的要求。具体要求见“工地建设”分册。钢栈桥可采用钢、RPC(活性粉末混凝土)、UHPC(超高性能混凝土)等装配式桥面(图2.4.3)。

2.4.4　按照“混凝土集中拌和、构件集中预制、钢筋集中加工”的原则重点做好拌和站、预制场、钢筋加工厂的建设,具体要求见“工地建设”分册相关章节。

图 2.4.3　装配式钢栈桥

2.4.5　施工现场应在醒目位置布置统一制作的“五牌一图”及各类标示牌、警示牌(图 2.4.5)。

图 2.4.5　安全标语

2.4.6　桥梁工程施工现场宜采用封闭式管理(图 2.4.6)。现场出入口悬挂“施工重地,闲人免进”的禁止标志。

图 2.4.6　工地封闭式管理

2.5　施工用电准备

2.5.1　施工单位应根据现行《施工现场临时用电安全技术规范》(JGJ 46)的要求和合同段内施工现场的特点以及地理环境等,由电气专业人员编制施工现场临时用电方案(临时用电施工组织设计),具体要求见“工地建设”分册相关章节。

2.6　环保及文明施工准备

2.6.1　施工单位在编制桥梁工程的施工组织设计和施工方案时,应根据工程特点,针对在施工中可能对环境造成的不利影响编制具体的环境保护方案。

2.6.2　现场液态、固态等各类废弃物,应按照规定进行处理,严禁擅自掩埋、焚烧或排放;施工现场应根据需要设置机动车辆冲洗设施、排水沟及沉淀池,施工、生活污水经处理达标后方可排放,宜循环使用,防止水土污染。灌注桩施工应配备泥浆分离器(图2.6.2-1、图2.6.2-2),泥浆须沉淀脱水后用干石灰搅拌成干土,再用拉土车外运或采用全封闭罐式运输车将泥浆运输至指定地点弃浆。

图2.6.2-1　泥浆分离器与泥浆池

图2.6.2-2　可移动式泥浆箱

2.6.3　施工现场应经常洒水降尘,避免扬尘污染空气(图 2.6.3-1、图 2.6.3-2),必要时对场内外裸露土进行绿化或覆盖(图 2.6.3-3、图 2.6.3-4)。

图 2.6.3-1　道路喷淋、雾炮降尘

图 2.6.3-2　扬尘监测系统

图 2.6.3-3　场内裸土绿化

图 2.6.3-4　场外裸土覆盖

2.6.4　临近居民区施工时产生的噪声不应大于现行《建筑施工场界环境噪声排放标准》(GB 12523)的规定值;施工作业人员在噪声较大的现场作业时,应采取有效防护措施;施工时的振动对邻近建筑物或设备会产生有害影响时,设计单位应提出相应的防护措施或监测措施,施工单位应采取相应的减振措施进行施工。

2.6.5　应节约用地,减少占用农田。不得随意占用或破坏施工现场周围相邻的道路、植被以及各种公共设施。

2.6.6　应加强环境监测和事故预防,施工中应尽量减少对原有自然环境的破坏。自行加工砂石的项目应做好环境保护工作,防止水土流失和环境污染。

2.6.7　桥梁工程交工前,应及时对临时辅助设施、临时用地和弃土等进行处理,做到工完场清,符合环保要求。

3　通用技术

3.1　钢筋

3.1.1　一般规定

1　应选择采购信誉良好、管理规范的大中型企业生产的符合现行国家标准的钢筋，钢筋的规格型号应满足设计要求。

2　钢筋应具有出厂质量证明书和试验报告单，进场时应检查外观和标志，并按不同的钢种、等级、牌号、规格及生产厂家分批抽取试样进行力学性能检验，检验试验方法应符合现行国家标准的规定。钢筋经进场检验合格后方可使用。

3　钢筋进场后应集中堆放在钢筋加工厂，需露天临时堆放的应下垫上盖，下垫高度不宜少于300mm。钢筋原材料应按不同品种、规格，分批分别堆置整齐，不得混杂，并利用信息化技术(如二维码)设立识别标志(图3.1.1-1)。钢筋加工厂建设要求详见“工地建设”分册相关章节。

图3.1.1-1　钢筋存放

4　钢筋堆放、加工制作、运输及安装过程中应避免钢筋锈蚀或油污等污染，钢筋在钢筋加工厂存放时间不宜超过6个月。混凝土浇筑后外露时间长的预留(埋)钢筋应采取防锈、除锈措施。

5　钢筋加工制作时应采用数控化机械设备，设备应配备数据接口，能直接导入相关加工参数(图3.1.1-2～图3.1.1-6)。宜采用钢筋加工智能化管控系统，对钢筋加工生产全过程进行智能化管控并记录生产数据。

6　钢筋加工厂应悬挂钢筋大样图、设备使用操作规程及安全注意事项等标牌。具体要求见“工地建设”分册相关章节。钢筋加工可采用BIM技术进行碰撞检查(图3.1.1-7)。

图 3.1.1-2　智能化钢筋加工系统

图 3.1.1-3　镦粗车丝一体机

图 3.1.1-4　钢筋锯床、钢筋直螺纹加工四位一体机

图 3.1.1-5　智能钢筋锯切、镦粗、滚丝、打磨设备

图 3.1.1-6　智能卧式弯曲机器人

7　钢筋的加工制作、安装、绑扎应符合下列规定:

1)焊工应持有焊工证,试焊合格后方可上岗;也可采用自动焊接。

2)受力钢筋焊接或直螺纹接头应设置在内力较小处,并错开布置,在接头长度区段内同一根钢筋不得有 2 个接头,同一截面的钢筋接头数量不超过钢筋总数量的 50%。

3)对于绑扎接头,两接头间距离不小于 1.3 倍搭接长度。对于焊接接头,在接头长度区段(35 倍钢筋直径且不小于 500mm)内,同一根钢筋不得有两个接头。

图 3.1.1-7 基于 BIM 的钢筋碰撞检查

4)承台内的立柱预埋钢筋应在浇筑承台前绑扎完毕,立柱钢筋骨架的加工制作及钢筋连接方式应符合设计要求。

5)在立柱主筋上绑扎箍筋时,可采用粉笔画出箍筋间距线(或使用制作好的卡具),箍筋应与主筋接触紧密,采用铁丝梅花形绑扎。

6)可采用信息化手段对下料、制作、现场管理、成品配送等进行管理(图 3.1.1-8)。

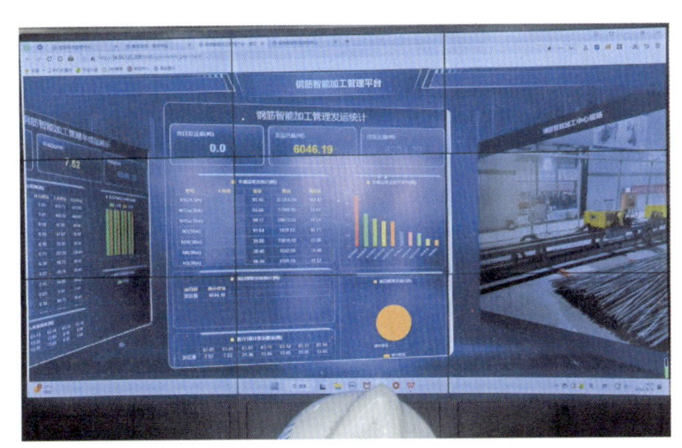

a)钢筋智能加工管理平台

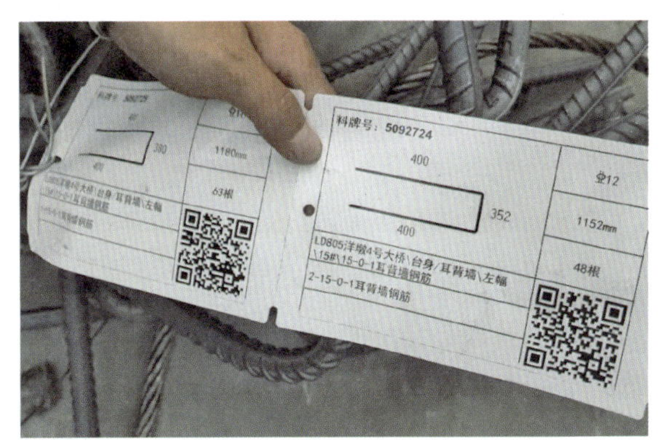

b)配送标签化管理

图 3.1.1-8 钢筋工程信息化管理手段

3.1.2 钢筋加工制作

1 钢筋的表面应洁净、无损伤,使用前应将表面的油渍、漆皮、鳞锈等清除干净,不得使用带有颗粒状或片状老锈钢筋。海洋腐蚀环境下的钢筋可采用阴极保护或涂覆防腐层并符合设计要求(图 3.1.2)。

2 钢筋加工前,应先对钢筋加工设备进行检查,并进行试加工,钢筋加工的结构尺寸符合设计及规范要求后方可进行正式加工。

3 钢筋下料、加工前应对钢筋的下料长度、连接接头的设置等进行设计计算,并绘制钢筋下料图;钢筋加工前进行配料计算,下料要有配料单。

4 钢筋弯曲加工时,应按设计一次弯曲成型,不得反复弯折或调直后再弯,严禁热弯成型。

a)环氧涂层过水冷却

b)环氧涂层厚度检测

c)合格成品堆放

d)部件钢筋绑扎成型

图 3.1.2　钢筋喷涂环氧

3.1.3　钢筋连接

1　钢筋连接应采用焊接接头或机械连接接头。

2　钢筋焊接时应注意搭接长度,两搭接钢筋的轴线应保持一致。钢筋焊接应采用J502 或 J506 牌号的焊条。

3　钢筋的焊接接头宜采用电弧焊、电渣压力焊、气压焊,但电渣压力焊仅可用于竖向钢筋的连接,不得用于水平钢筋和斜筋的连接。电弧焊宜采用双面焊,仅在双面焊无法施焊时方可采用单面焊缝,且焊缝需满足规范要求。在室内焊接应采用二氧化碳气体保护焊。钢筋的焊接可采用经调校的自动焊接机器人(图 3.1.3-1)。

4　每批钢筋焊接前,应先选定焊接工艺和焊接参数,按实际条件进行试焊,并检验接头外观质量及规定的力学性能,试焊质量经检验合格后方可正式施焊。

5　直径大于或等于 22mm 的钢筋连接应采用镦粗直螺纹和滚轧直螺纹等机械连接方式,并应满足下列要求:

1)进场的直螺纹套筒应严格按照相关规范要求进行检查验收,内螺纹不得有缺牙、错牙、污染、生锈、机械损伤等现象,验收合格后方能使用。

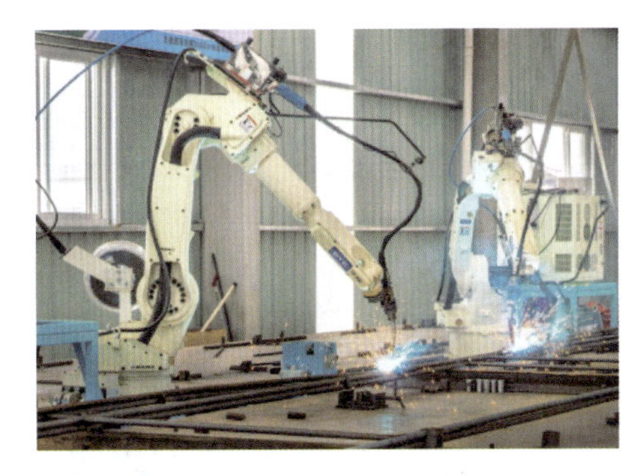
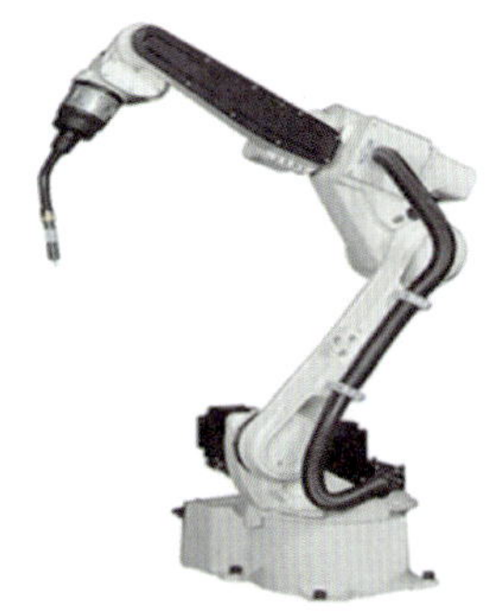

图 3.1.3-1 自动焊接机器人

2)应配备力矩扳手和专用通止规,按规定进行丝头检验和拧紧力矩检验。

3)钢筋下料时,应在砂轮切割机上切割钢筋头 0.5 ~ 10mm,确保切口端面平整,切口端面应与钢筋轴线垂直,不得有马蹄形、挠曲、缺角等现象。

4)丝头应逐个自检,丝头螺牙不得掉角、凹凸,牙形应饱满,采用专用通止规检查,剔除不合格丝头。钢筋丝头检验合格后应加护套防护(图 3.1.3-2)。

5)钢筋机械连接应采用两个标准型丝头或标准型丝头和加长型丝头对接,不得采用两个加长型丝头对接;连接后对其外观进行检查,其中标准型钢筋丝头端不得有一扣以上的完整丝头外露,加长型丝头外露长度不得 1/2 套筒长度。丝头应用红色油漆或其他方式标注套筒位置(图 3.1.3-3)。

图 3.1.3-2 丝头保护

图 3.1.3-3 丝头套筒定位标记

3.1.4　钢筋绑扎与安装

1　钢筋安装时,其规格、数量及间距应符合设计规定。

2　钢筋骨架应在钢筋加工厂制作成型,并设置专用胎架或卡具进行辅助定位,到现场整体吊装(图3.1.4-1)。具体要求见"工地建设"分册相关章节。

a)专用胎架

b)整体吊装入模

c)横梁钢筋整体绑扎

d)横梁钢筋整体吊装

e)后浇孔精确穿筋、胶圈定位

f)后浇孔模板

图3.1.4-1　钢筋骨架加工与吊装

3 钢筋安装时增设有架立钢筋或劲性骨架时,架立钢筋或劲性骨架不得伸入混凝土保护层。

4 钢筋交叉点应采用直径0.7~2.0mm的双铁丝扎牢,必要时点焊焊牢。扎丝绑扎时丝头朝结构内弯,防止丝头进入混凝土保护层。

5 钢筋安装时不得随意切断,当钢筋遇到预应力管道时,宜采取避让措施(图3.1.4-2)。若必须切断,须经监理、设计同意并采取加强措施。

图3.1.4-2 T梁钢筋避让波纹管措施

6 结构或构件拐角处的钢筋交叉点应全部绑扎;中间平直部分的交叉点可交错绑扎,但绑扎的交叉点宜占全部交叉点的40%以上。

7 钢筋保护层垫块应满足下列要求:

1)垫块应选用圆饼形或梅花形保护垫块(图3.1.4-3),优先选用圆饼形垫块,禁止使用异形垫块。保护层厚度应满足现行规范及设计要求。

图3.1.4-3 圆饼形保护层垫块

2)垫块强度不低于结构本体混凝土强度,并具有足够的密实性;采购的每批次钢筋保护层垫块必须由生产厂家出具质保单和产品合格证书。

3)垫块的厚度不得小于30mm,其中桩基础钢筋笼采用的圆饼垫块厚度不小于40mm。梅花形垫块控制的钢筋保护层厚度不得多于两种,且两种保护层厚度的差值须在10mm以上。圆饼形和梅花形垫块的尺寸偏差须满足表3.1.4-1和表3.1.4-2的要求:

表3.1.4-1　圆饼形垫块规格及尺寸允许偏差范围(mm)

外径尺寸	控制的保护层厚度	环厚 d 尺寸允许偏差	内径 r 尺寸允许偏差
52	20	±1	0~2
55			
62	25	±1.25	
65			
75	30	±1.5	
90	35	±1.75	
100	40	±2	
105	45	±2.25	
130	55	±2.75	
150	65	±3.25	
160	70	±3.5	
示意图	R　d　r		

表3.1.4-2　梅花形垫块规格及尺寸允许偏差范围(mm)

型号规格(a-b)	控制的保护层厚度	控制尺寸(a或b)允许偏差范围
25-35	25,35	(-1.25,1.75)
30-40	30,40	(-1.50,2.00)
35-50	35,50	(-1.75,2.50)
45-60	45,60	(-2.25,3.00)
示意图	b　b　a　a	

4)垫块应与钢筋绑扎牢固,每平方米数量不得少于4个;桩基、墩柱应使用圆饼形垫块,采用直径不小于10mm的穿心钢筋焊接在主筋或腹板钢筋上,纵向间隔应不大于2m,每道沿圆周对称设置应不少于4块。

8 绑扎或焊接的钢筋骨架和钢筋网不得变形、松脱和开焊。

9 箱梁钢筋安装时腹板和底板、顶板钢筋连接应采用焊接方式。

3.1.5 安全环保

1 钢筋骨架设置的吊环,必须采用未经冷拉的热轧光圆钢筋制作,且其使用时的计算拉应力不大于65MPa。

2 现场使用的电器和机械设备,应设置固定存放点,有序摆放。

3 不得将钢筋大量堆放于临时支架或脚手架上。

4 电焊条应集中分类存放。

5 施工现场配备工具收储箱和废料收储箱,钢筋废料应定期清理。

3.2 模板、支架施工

3.2.1 一般规定

1 模板应进行专门设计,应具有足够的强度、刚度和稳定性,智慧梁场采用的移动台座还应有足够的承重运载能力并验算其运行过程的稳定性;实行模板准入制度,项目业主、监理应严格把关,实行"统一设计、驻厂监造、进场验收"制度。鼓励采用先进的新型模板。模板的结构应简单,制作、装拆方便。

2 除支架式现浇桥梁允许采用竹胶板外,所有桥梁混凝土工程的模板均应采用大型组合钢模板(图3.2.1)、高强度塑钢模板或高等级的维萨板等,不得使用木模。

图3.2.1 大型组合钢模板

3 模板板面之间应平顺,接缝严密,不漏浆,无错台,应保证结构物外露面表面光洁、平整美观、线条顺直。

4 钢模板在钢结构加工厂制作,制作完成后应在厂家进行试拼、验收并编号,合格后方能运至现场,模板运至现场后应进行再验收。个别施工部位钢模不易加工时,可采用竹胶板。

5　安装前应抛光打磨,清除污垢,涂刷脱模剂。应采用专用脱模剂,同一结构脱模剂宜采用同一品种,不得使用废机油及其混合物,不得污染钢筋及混凝土的施工缝。

6　模板在使用过程中应加强维修与保养,每次拆模后应指派专人进行除污与防锈工作,平整放置防止变形,并做到防雨、防尘、防锈。超过允许周转次数或破损、变形的模板严禁继续使用。

7　滑模及液压爬模等特殊模板应由有资质的设计单位设计,并由专业厂家加工制作,出厂时应附产品合格证和操作规程。

8　支架应进行专门设计,其结构应满足强度、刚度及稳定性要求并进行验收。

9　满堂支架应采用盘扣式钢管。支架在预压及混凝土浇筑过程中应安排专人加强观测,确保安全。

3.2.2　模板、支架设计

1　模板、支架的设计应根据工程结构形式、荷载情况、地基土类别、施工设备和材料性能等条件进行,应优先采用标准化、定型化的构件。

2　模板的类型:

1)按组装方式和使用功能可分为:工具式模板、组合式模板、胶合式模板、永久式模板等。

2)按材料性质可分为:竹胶模板、钢模板、塑料模板、塑钢模板、铝模板等。

3　支架的类型:

支架按其构造分为立柱式、梁式和梁柱式支架,其适用范围参照表3.2.2;按材料分为钢支架、钢木混合支架、贝雷梁支架和万能杆件拼装的支架。应结合具体的施工情况选择支架类型。

表3.2.2　支架适用范围

支架类型	适用范围
立柱式支架	用于陆地或不通航河道以及桥墩不高的小跨径桥梁施工
梁式支架	根据跨径不同,梁可采用工字钢梁、钢板梁或钢桁梁。工字钢梁适用跨径小于10m,钢板梁适用跨径小于20m,钢桁梁用于跨径大于20m的情况
梁柱式支架	用于桥梁较高,跨径较大或必须在支架下设孔通航或排洪时的情况

4　模板、支架应根据桥梁结构形式、设计跨径、荷载大小、地基土类别、施工设备及相关的规范进行设计,支架和分配梁设计时应考虑预压的超载系数。

5　模板加工制作及支架搭设前,应绘制模板、支架的总装图和细部构造图。

6　优先按无拉杆模板进行设计,若设置对拉杆时,应规则布置并采用可取出的方案,拉杆直径不应小于14mm,并设置均匀,外侧套PVC(聚氯乙烯)管,拆模后应抽出拉杆,PVC套管沿混凝土表面切除,并修补拉杆孔。

7　支架上的梁体有纵坡或梁体倾斜时(如腹板),应根据梁体的重量通过计算增加斜撑杆，抵消混凝土浇筑时产生的水平力。

3.2.3　模板制作与安装

1　模板严格按照设计图纸进行加工制作，模板加工应在专业工厂内完成，严禁在施工现场自行加工。制作完成后应进行试拼，检查拼缝平整度、结构尺寸、焊缝质量等指标，对不合格处应进行整修，成品经检验合格后方可使用。智慧梁场采用的液压模板（台座）应按超载150%重量以上试运行合格后方可投入使用。

2　在吊装和运输过程中，应采取有效措施防止模板的变形与受损。安装模板时，应设临时支撑固定，严禁将模板系于结构钢筋上。

3　模板不得与外侧施工支架平台连接，避免引起模板偏位和变形。

4　工程现场严禁使用木质模板和木胶合板。模板安装完成后，应检查对拉杆和模板连接螺栓是否全部拧紧。

5　预制梁模板在厂家加工、试拼、验收并编号，合格后方能运至现场。模板运至现场后应按表3.2.3进行验收，验收合格后方可使用。

表3.2.3　预制梁片模板相关要求

内容	要求
尺寸	符合设计要求，允许偏差不大于长度和宽度的1/1000，且不大于4mm
梁体模板厚度	不小于6mm
底模厚度	不小于6mm
板面平整度	制作时不大于1mm；安装时不大于5mm（用2m直尺和塞尺检查）
侧模加劲竖梁间距	翼缘环形钢筋间距的整数倍，不影响翼缘环形钢筋安装
侧模加劲竖梁宽度	小于翼缘环形钢筋间距，不影响翼缘环形钢筋安装
梳形板厚度	不小于10mm
横隔板底模	使用独立的底模，不与侧模连成一体
横坡	翼缘板能根据设计要求调整横坡
相邻模板面的高低差	不大于2mm
两块模板之间拼接缝隙	不大于2mm
模板接缝错台	不大于1mm
芯模（适用于预制箱梁及空心板）	使用整体收缩抽拔式钢内模
预留孔洞	符合设计要求，位置允许偏差±2mm；钻孔应采用机具，严禁用电、气焊灼孔
堵浆措施	使用泡沫填缝剂或高强度止浆橡胶棒，严禁使用砂石、砂浆或布条
脱模剂	严禁使用废机油

3.2.4　支架制作与安装

1　支架应采用标准化、系列化、通用化的钢构件拼装。满堂式支架应采用承插型盘扣式钢管脚手架（图3.2.4-1）。脚手架的脚手板铺满，无探头板。高度在7m以上的，架体应与结构物拉结。

2　支架搭设应考虑人员上下的扶梯,扶梯设有护栏,扶梯的爬升角度不得超过45°;设置的作业平台不小于$3m^2$,下铺钢板或厚度不小于50mm的木板,应满足承载力要求并搭设牢固;平台上应设置高度不小于1.2m的栏杆,栏杆立面应设密目防护网和梯步(图3.2.4-2)。

图3.2.4-1　支架搭设

图3.2.4-2　安全梯笼

3　支架基础和结构应符合设计要求。支架立柱应安装在有足够承载力的地基上,并保证浇筑混凝土后不发生超容许的沉降量,立柱间设斜支撑和平联,确保结构稳定(图3.2.4-3);船只或汽车通行孔的两边支架应架设护桩,夜间应用灯光标明行驶方向,施工中易受漂流物冲撞的支架应设置三角形导流桩。

a)立柱基础

b)立柱连接

图3.2.4-3　钢管立柱

4　支架排距、间距、扫地杆、纵横剪刀撑设置和扣件螺栓紧固力矩应满足要求。安装后的支架不得沉陷、变形,连接应牢固,保证安全可靠。

5　支架应严格按照审批后的专项施工方案进行搭设,搭设完毕后应对其平面位置、顶部高程、节点连接及纵横向稳定性进行全面检查及验收,符合要求后,方可进行下一道工序。

6 高支架和梯笼应设置足够的斜向连接、扣件或缆风绳，横向稳定有保证措施。

7 支架应结合模板的安装考虑设置预拱度，设置的预拱度值应包括结构本身需要的预拱度和施工需要的预拱度两部分。

8 支架搭设时应设置卸落装置，卸落量应根据结构形式、承受的荷载大小确定。在梁式支架中，宜设置砂筒、千斤顶或楔块，用于调整模板的高程和模板的卸落装置。

9 大型支架宜设置监测系统，对支架及基础的变形、沉降进行实时监测。

3.2.5 支架预压

1 对支架进行预压时，预压荷载应满足设计要求，设计未规定时，支架预压荷载宜为全部荷载的 1.1 倍（支架基础预压荷载为 1.2 倍），预压荷载的分布应模拟需承受的结构荷载和施工荷载。

2 支架的预压可采用混凝土预制块或砂袋预压（图 3.2.5），也可采用水箱滚动预压等。预压的重量和时间应满足设计和相关规范的要求。

a)混凝土预制块预压

b)砂袋预压

c)水袋预压

图 3.2.5 支架预压

3 应按设计要求分次分级进行预压。设计无具体规定时，应按预压单元进行分级加载,且不应少于3级,3级加载依次宜为单元内预压荷载值的60%、80%、100%。

4　加载前应布设好观测点,观测点的布设应上下对应,以观测地基的沉降量(垫木、地梁上)及支架、方木的变形量(底模上)。观测点的数量宜为横、纵向每2m一个,即每$4m^2$上、下各一个点。每个监测断面上的监测点不宜少于5个,且应对称布置。设计无规定时,各监测点连续24h的沉降量平均值应小于1mm或连续72h的沉降量平均值小于5mm。对黏土和亚黏土地基,预压时间不宜少于7d,且连续3d累计沉降量不超过3mm,即视为沉降已稳定;对砂性土地基,连续3d累计沉降量不超过3mm即可。具体要求可参照现行《钢管满堂支架预压技术规程》(JGJ/T 194)。

5　观测次数一般为加载前、每12h、加载完毕。每级加载完成后,应先停止下一级加载,并应每间隔12h对支架及基础沉降量进行一次监测。

6　预压荷载应对称、均衡、同步卸载。

3.2.6　模板、支架的拆除

1　模板、支架的拆除顺序和方法应按设计和施工方案进行;设计未规定时,应遵循先支后拆、后支先拆的原则,自上而下进行,且应先拆非承重模板,后拆承重模板。应及时对模板进行除污、除锈和防锈等维修保养。

2　对于非预应力结构,当混凝土强度达到2.5MPa后,方可拆除非承重模板。模板拆除在昼夜温差大于15℃时,应延迟1~2d,且尽量在升温阶段拆模。拆除承重模板,应按规范要求进行。拆模时,不得有振动、重敲、强扭。对预应力梁,在预应力筋张拉压浆完成且压浆强度达到一定要求后,再拆除承重模板,以免梁体混凝土受拉造成不良影响。

3　芯模和预留孔道的内模应在混凝土强度能保证其表面不发生塌陷或裂缝现象时方可拆除。

4　模板、支架应按照拟定的程序进行卸落(梁的落架程序一般从梁挠度最大处的支架节点开始,逐步卸落相邻两侧的节点),分几个循环卸完,卸落量开始宜小,以后逐渐增大。纵向应对称均衡卸落,横向应同时一起卸落。卸落时应满足以下要求:

1)卸落前应在卸架装置上画好每次卸落量的标记,卸落时应设专人用仪器观测变化情况,并详细记录。

2)简支梁、连续梁的模板应从跨中向支座依次循环卸落;悬臂梁则应先卸落挂梁和悬臂部分,然后卸落主跨部分。

3)卸落模板和支架时,不得野蛮拆除。

4)模板拆除和卸架工作应在白天进行,如有特殊情况需要在夜间施工的必须做好充足照明及安全措施,且卸落支架时应由专人负责指挥。

3.2.7　安全环保

1　支架荷载不得超过设计或有关规定,施工荷载堆放应均匀,有积水、杂物及时清理。

2　模板、支架的吊装应由专人指挥,并配备对讲机等通信工具。吊装作业时无关人员应撤离现场。

3 模板拆除时,应划分作业区,悬挂警示标志,并按规定的拆模程序进行。拆除区域设置警戒线且由专人监护;留有未拆除的悬空模板及模板工程应经过验收手续。严防因时间控制不当或野蛮操作造成结构物缺棱掉角。

4 安全爬梯、施工作业平台等应使用拼装式安全防护梯笼,防雷、接地等满足相关规范要求。

3.3 混凝土工程

3.3.1 一般规定

1 混凝土拌和站设备应经标定验收合格后方能使用,具体要求见“工地建设”分册相关章节。

2 桥梁工程应使用散装水泥,采用专用水泥罐储存。

3 混凝土宜使用非碱活性集料,当条件不具备必须使用碱活性集料时,其他材料中的碱含量和混凝土中的最大总碱含量应符合设计及规范的规定。

4 宜采用混凝土外观质量分级评定制度,制定外观质量评定的量化标准,对混凝土构件外观进行指标化检验,不得出现超限裂缝、空洞、蜂窝、露筋、麻面等外观质量限制缺陷。

5 使用高性能混凝土时应满足现行《高性能混凝土技术条件》(GB/T 41054)的要求,鼓励采用自动化浇筑工艺。

3.3.2 水泥

1 应通过混凝土配合比试验选定水泥。以所配制混凝土的强度和弹性模量达到要求、和易性好、收缩小和节约为原则,且其特性不会对混凝土结构强度、耐久性及使用条件等产生不利影响。当混凝土中采用碱活性集料时,宜选用含碱量不大于0.6%的低碱水泥。

2 采购水泥时,应选择信誉良好、生产能力较强、管理规范的大中型企业生产的散装干法旋窑水泥,出厂时应附有厂家的试验检测报告等合格证明文件。

3 水泥进场后,应按批次进行强度、细度、安定性和凝结时间等性能检验,散装水泥应以500t为一批,不足500t时,按一批计。袋装水泥应以200t为一批,不足200t时,按一批计。当对水泥质量有怀疑或受潮或存放时间超过3个月时,应重新取样复验,并应按其复验结果使用。不同品种、强度等级和出厂日期的水泥应分别按批存放。

3.3.3 细集料

1 细集料宜采用级配良好、质地坚硬、颗粒洁净的中粗河砂,河砂不易得到时,可采用符合规定的硬质岩石加工的机制砂,严禁采用海砂。

2 细集料宜按同一产地、同一规格连续进场数量不超过400m^{3}或600t为一验收批进行检验,小批量进场的宜以不超过200m³或300t为一验收批进行检验;当质量稳定且进料量较大时,可以1000t为一验收批。

3　检验内容应包括外观、筛分、细度模数、有机物含量、含泥量、泥块含量及机制砂的石粉含量等。必要时应对坚固性、有害物质含量、氯离子含量、碱活性及放射性等指标进行检验。

4　细集料应堆放于料仓棚内,保证含水率的相对稳定。

5　当对河砂、机制砂的坚固性有怀疑时,应采用硫酸钠进行坚固性试验。

3.3.4　粗集料

1　粗集料应采用质地坚硬、洁净、级配合理、粒形良好、吸水率小的卵石或碎石,并应按生产地、类别、加工方法和规格等不同情况,分批进行检验。

2　检验内容应包括外观、颗粒级配、针片状颗粒含量、含泥量、泥块含量、压碎值指标等。必要时应对坚固性、有害物质含量、氯离子含量、碱活性及放射性等指标进行检验。

3　粗集料应采用连续两级配或连续多级配,不得采用单粒级或间断级配。

4　施工前应对所用的粗集料进行碱活性检验,原则上不得采用有碱活性反应的粗集料,特殊情况下需采用时应采取必要的抑制措施。

5　集料应按品种规格分别堆放,不得混杂;在装卸和储存时,应采取措施使集料的颗粒级配均匀,并保持洁净。

3.3.5　水

混凝土拌制和养生用水应采用符合国家标准的饮用水,当采用其他水源时,应对水质进行检验,严禁采用海水。

3.3.6　外加剂

1　应根据使用要求、施工条件、混凝土原材料的变化,结合外加剂的特点,经拌和试配确定外加剂的使用品种和掺量。

2　外加剂应与水泥、矿物掺合料之间具有良好的相容性,当采用两种及两种以上外加剂时,外加剂之间应有良好的相容性。

3　外加剂应为水剂,采用专用储存罐避光储存并加设循环搅拌泵。

4　外加剂必须进场检验合格后方可使用,不同品种的外加剂应分别储存,做好标记,在运输和储存时不得混入杂物和遭受污染。

5　在公路桥涵混凝土中采用的膨胀剂,其性能应符合现行《混凝土膨胀剂》(GB/T 23439)的规定。膨胀剂的品种和掺量应通过试验确定。

3.3.7　掺合料

1　掺合料应保证质量稳定、来料均匀,出厂时应附带产品质量合格证书,进场后进行试验检测,合格后方可使用。

2 混凝土中粉煤灰、粒化高炉矿渣粉、硅灰等掺合料的掺入量应通过试验确定。

3 掺合料在运输与储存中,应有明显标志,严禁与水泥等其他粉状材料混淆。

3.3.8 混凝土配合比

1 混凝土的配合比应按使用部位、施工工艺等要求以质量比表示,并应通过计算和试配选定。

2 除应对由各种组成材料带入混凝土中的碱含量进行控制外,尚应控制混凝土的总碱含量。

3 混凝土的坍落度可根据现场气温适当控制。为保证混凝土的外观质量,坍落度宜在满足施工要求的前提下尽量偏小。

4 泵送混凝土配合比宜符合下列规定:

1)胶凝材料用量宜不小于300kg/m^3,通过0.3mm筛孔的砂不宜少于15%,砂率宜控制在35%~45%范围内。粗集料宜采用连续级配,其针片状颗粒含量宜不大于10%,粗集料的最大公称粒径与输送管径之比应符合规范要求。

2)混凝土坍落度宜保持在120~140mm;试配时应考虑坍落度经时损失。

3)通过试验掺用适用的减水剂、泵送剂和矿物掺合料。

3.3.9 混凝土拌制

1 混凝土应采用带有自动计量、进料和控制搅拌时间的强制式搅拌机进行拌制。计量器具应定期检定,搅拌机经大修、中修或迁移至新的地点后应重新进行检定,并建立规范可查的检定、检修台账;混凝土生产单位每月自检一次。拌和站建设要求参照“工地建设”分册的相关章节。

2 混凝土配料时,各种衡器应保持准确,每次开盘正式称量前,应对计量设备进行校核。同时应打印每一盘的实际用料清单。

3 每天开盘前应测定集料的含水率,调整施工配合比。雨天施工时应增加测定次数,以调整集料和水的用量,确定施工配合比。

4 自全部材料装入搅拌筒至开始出料的最短搅拌时间应经试验确定。

5 混凝土拌合物应搅拌均匀、颜色一致,不得有离析和泌水现象。

6 混凝土拌合物的坍落度,应在搅拌地点和浇筑地点分别取样检测,每一工作班或每一单元结构物不少于两次。评定时应以浇筑地点的测值为准。如混凝土拌合物从搅拌机出料起至浇筑入模时间不超过15min,其坍落度可仅在拌制地点取样检测。在检测坍落度时还应观察混凝土拌合物的黏聚性和保水性。

3.3.10 混凝土运输

1 混凝土的运输能力应与混凝土凝结速度和浇筑速度相适应,应使浇筑工作不间断且混凝土运到浇筑地点时仍保持均匀性和规定的坍落度。

2　混凝土拌合物应采用搅拌车运输,或在条件允许时采用泵送方式输送。在寒冷或炎热的天气情况下,搅拌车的搅拌罐和泵送管应有保温或隔热措施。智慧梁场的混凝土宜采用自动布料机进行运输和浇筑(图3.3.10)。

图3.3.10　自动布料机

3　混凝土采用搅拌车运输过程中应进行慢速搅拌,卸料前应进行常速搅拌,卸料前应采用快挡旋转搅拌罐不少于20s。

4　混凝土采用泵送方式应符合下列规定:

1)混凝土的供应应保证输送泵连续工作;在泵送过程中,受料斗内应具有足够的混凝土,防止吸入空气产生阻塞。

2)泵送前应使用润管剂润滑输送管内壁。混凝土出现离析现象时,应立即用压力水或其他方法冲洗管内残留的混凝土,泵送间歇时间不宜超过15min。

3.3.11　混凝土浇筑

1　浇筑混凝土前,应对支架、模板、钢筋和预埋件等进行检查,并做好记录,同时应将模板内的杂物、积水以及钢筋上的污垢等清理干净,符合设计要求后方可进行浇筑。

2　自高处向模板内倾卸混凝土时,应防止混凝土离析。直接倾卸时,其自由倾落高度宜不超过2m,超过时应采取措施防止混凝土离析;倾落高度超过10m时,应设置减速装置。

3　混凝土应按一定厚度、顺序和方向分层浇筑,应在下层混凝土初凝前浇筑完成上层混凝土。高度不大于0.6m的结构可按斜面分层浇筑,高度大于0.6m的结构应按水平分层方式浇筑,梁体腹板、盖梁等钢筋密集处不便水平分层时亦可采用斜面分层浇筑方式。上、下层混凝土同时浇筑时,上层与下层之间的前后浇筑距离应保持在1.5m以上。在倾斜面上浇筑混凝土时,应从低处开始逐层扩展升高,保持水平分层。

4　混凝土振捣应满足以下要求:

1)采用插入式振动器振捣混凝土时,移位间距不超过振动器作用半径的1.5倍,振动器与模板应保持50~100mm的距离,振捣上层混凝土时以插入下层混凝土50~100mm为宜。

2)采用表面振动器时,位移间距应使振动器平板能覆盖已振实部分不小于100mm;

附着式振动器的布置间距应通过试验确定，每一振点的振捣时间以20~30s为宜，以混凝土不下沉、不冒气泡、表面呈现浮浆为度。

3）对T梁、箱（板）梁腹板与底板或顶板连接处的承托、预应力筋锚固区以及其他钢筋密集部位，应采取有效措施加强振捣。

5 混凝土的浇筑宜连续进行，因故中断间歇时，其间歇时间应小于前层混凝土的初凝时间或重塑时间。超出时应按浇筑中断处理，并应留置施工缝，同时应做记录。施工缝的位置应在混凝土浇筑之前确定，宜留置在结构受剪力和弯矩较小且便于施工的部位，同时应考虑施工缝对外观质量的影响，并满足以下要求：

1）应凿除混凝土表面的光滑表层和松散层，凿毛的最小深度应不小于8mm，凿毛应露出新鲜混凝土集料，且外露的粗集料应分布均匀。湿接缝部位拆模后宜采用小型手动工具凿毛。小型构件和薄壁构件不得采用风镐凿毛，宜采用电动凿毛机凿毛。不得采用在表面混凝土终凝前划痕或插捣等方式代替凿毛。凿毛应在混凝土浇筑后2~3d内完成。

2）浇筑后续混凝土前，经凿毛处理的混凝土面应用水冲洗干净，同时，浇筑下一层混凝土时应保证混凝土凿毛面湿润。

3）重要部位和有防震要求的混凝土结构或钢筋稀疏的钢筋混凝土结构，宜在施工缝处补插锚固钢筋；有抗渗要求的施工缝宜做成凹形、凸形或设置止水带。施工缝为斜面时应浇筑成或凿成台阶状。

4）施工缝处理后，应待处理层混凝土达到一定强度后方可继续浇筑混凝土。

5）混凝土分次浇筑或预留施工缝时，相邻混凝土间的浇筑间歇期宜控制在7d以内，以减少新旧混凝土之间的收缩差，承台与薄壁墩的交界面不宜超过10d。

6 在浇筑过程中或浇筑完成时，如混凝土表面泌水较多，应在不扰动已浇筑混凝土的条件下采取措施将水排除。继续浇筑混凝土时，应查明原因，采取相应措施减少泌水。

7 浇筑混凝土期间，应设专人对支架、模板进行检测，对钢筋、预应力管道和预埋件的位置及稳固情况进行检查，当发现有异常时，应及时处理。

8 浇筑混凝土时，应随混凝土浇筑分阶段制作试件，确保试验的代表性，严禁一次取样。用于判断现场预应力混凝土结构或构件强度和弹性模量的试件，应置于现场与结构或构件同环境、同条件养生。

9 冬季施工时，混凝土入模温度不低于5℃；夏季施工时混凝土混合料的温度应不超过32℃，当超过32℃时应采用有效的降温防止蒸发措施，与混凝土接触的模板、钢筋在浇筑前应采取有效的措施将温度降低到32℃以下。

10 拆模后不得对混凝土进行随意修饰。

3.3.12 混凝土养生

1 混凝土浇筑完成后，应在其收浆后尽快采用透水土工布或薄膜覆盖等方式进行养生(图3.3.12-1、图3.3.12-2)。对于硬性混凝土、高强度和高性能混凝土、炎热天气浇筑的混凝土以及桥面等大面积裸露的混凝土应加强初期保湿养生。养生时间普通混凝土应不少于7d,对重要工程或有特殊要求的混凝土应延长养生时间。采用蒸汽养生的预制梁养生制度应通过试验确定。梁体温度与蒸养室内温差不应大于15℃;养生后两者温差不大于10℃;升温、降温速度不应大于10℃/h;恒温温度宜控制在50~65℃范围内,且核心混凝土温度不超过70℃。相对湿度应控制在95%~100%之间。

图3.3.12-1　混凝土薄膜养生　　　　图3.3.12-2　墩柱包裹养生

2　当裸露面面积较大或气候不良时,应架设棚罩进行覆盖并洒水养生,确保混凝土终凝前覆盖物与混凝土面不接触。

3　在气温不低于5℃的情况下,可采取覆盖、洒水、抗风、保温等方式对混凝土进行养生;当气温低于5℃时,严禁向混凝土面洒水,应对混凝土表面进行覆盖并采取保温措施进行养生。短期低温时应适当延长拆模时间。

4　墩柱采用滴灌养生或环绕式喷淋养生时(图3.3.12-3、图3.3.12-4),应设置注水管,及时补水,同时要有养生记录。

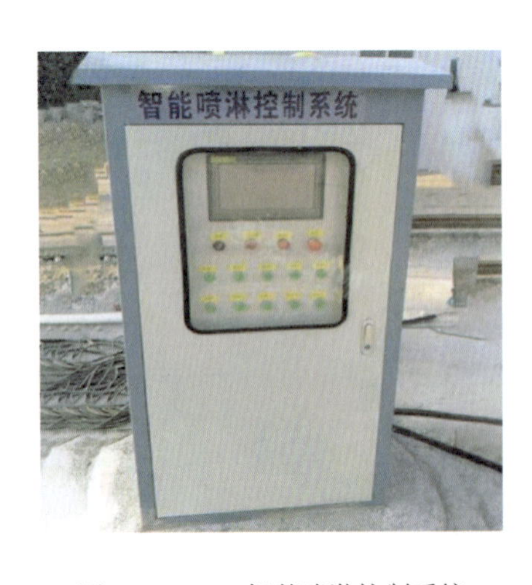

图3.3.12-3　智慧喷淋控制系统　　　　图3.3.12-4　墩柱环绕式喷淋养生

5　预制构件应采用自动喷淋养生或蒸汽养生(图3.3.12-5)。采用蒸汽养生的预制构件应通过试验确定养生形式及养生时间。

6 混凝土表面有模板覆盖时,应在养生期间使模板保持湿润。

a)自动喷淋养生

b)蒸汽养生房

图 3.3.12-5 梁片养生

3.3.13 大体积混凝土施工

1 大体积混凝土在施工前,应制定专项施工方案进行温控设计和温度监测,有效控制混凝土内外温差,防止开裂。对大体积混凝土进行温度控制时,应使其内部最高温度不高于75℃,内表温差不大于25℃,混凝土表面与大气温差不大于20℃。

2 大体积混凝土浇筑前,应根据水泥品种和规格、配合比、气温、浇筑方式等因素计算水化热,确定浇筑方式,宜采用分层浇筑。

3 在大体积混凝土结构倒角等容易产生气泡的部位,宜在模板表面粘贴混凝土透水模板布,以减少混凝土表面气泡、砂线、砂斑,同时可提高混凝土的表面强度和耐久性。

4 大体积混凝土的浇筑尽可能安排在气温较低季节或温度较低时间段施工,可按下述方法控制:

1)控制混凝土入模温度。宜采用遮盖原材料、水泥提前入仓、冷水拌制等方法降低原材料温度。混凝土的入模温度应不低于5℃;热期施工时,宜采取措施降低混凝土的入模温度,且其入模温度宜不高于28℃[图3.3.13a)]。

2)可采取改善集料级配、降低水胶比、添加掺合料、掺加外加剂等方法减少水泥用量,延长混凝土的凝结时间。

3)可选用水化热较低和凝结时间较长的大坝水泥、矿渣水泥、粉煤灰水泥。

4)宜减小浇筑层厚度或分块浇筑,厚度大于1.5m的应埋设浇筑体内循环水管或通气管,以加快混凝土散热速度[图3.3.13b)和图3.3.13c)]。

5)大体积混凝土若采用硅酸盐水泥或普通硅酸盐水泥,混凝土养生时间宜不少于14d,采用其他品种水泥时,混凝土养生时间宜不少于21d[图3.3.13d)]。

a)制冰站

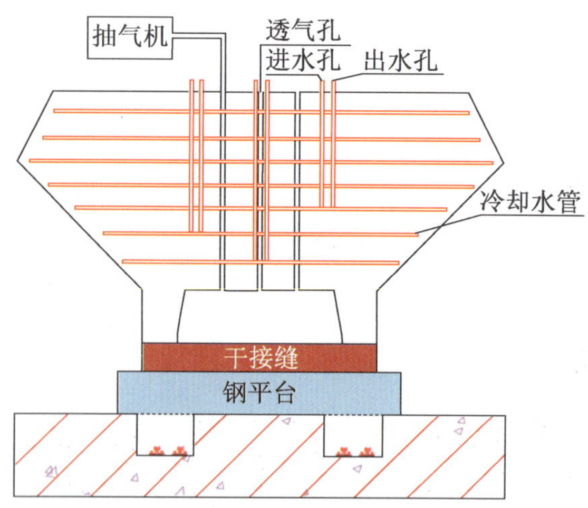

b)预埋冷却水管

c)冷却水循环塔

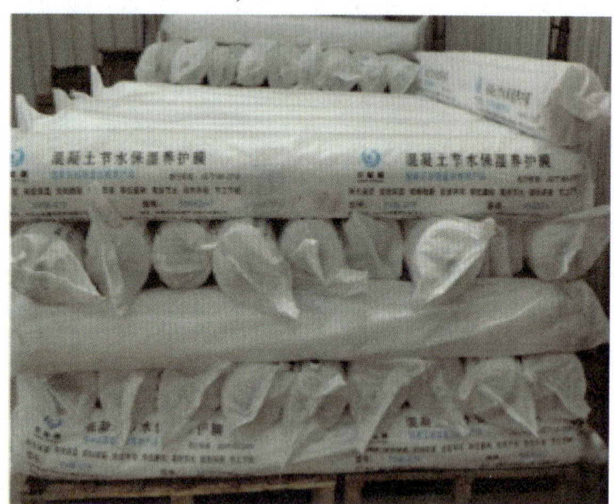

d)新型节水保湿养生膜

图 3.3.13　大体积混凝土温控措施

3.3.14　安全环保

1　拌和站应设置三级沉淀池、砂石分离机、混凝土搅拌车定点清洗等设施。

2　拌和站和施工现场的废料应集中并定期运至指定位置。

3　拌和站建设的具体要求见“工地建设”分册相关章节。

3.4　预应力混凝土工程

3.4.1　一般规定

1　预应力混凝土施工时施工单位应编制专项施工方案。

2　预应力材料应保持清洁,在存放和搬运过程中应避免机械损伤和有害的锈蚀。如进场后需长时间存放时,应安排定期的外观检查。

3　预应力筋和管道在仓库内保管时,仓库应干燥、防潮、通风良好、无腐蚀气体和介质;进场后的存放时间不宜超过3个月。

4 锚具、夹具和连接器均应设专人保管并清点核对数量及配套情况。存放、搬运及使用时均应妥善保护，避免锈蚀、沾污、遭受机械损伤、混淆或散失，且临时性的防护措施应不影响安装操作的效果和永久性防锈措施的实施。

5 千斤顶与压力表应配套标定、配套使用，标定应在经国家授权的法定计量机构定期进行，标定时千斤顶活塞的运行方向应与实际张拉工作状态一致。当处于下列情况之一时，应重新进行标定：

1）使用时间超过6个月；

2）张拉次数超过300次；

3）使用过程中千斤顶或压力表出现异常情况；

4）千斤顶检修或更换配件后。

6 采用测力传感器测量张拉力时，测力传感器应按相关国家标准的规定每年送检一次。

7 严禁在养生结束前穿入预应力筋，在管道端口应采取可靠措施临时封堵，防止水或其他杂物进入。

8 施工中应采取塑料布等对露出构件预应力管道外的预应力筋进行覆盖、包裹，且应避免雨水或养生用水进入预应力管道，防止钢绞线污染或锈蚀。

9 桥梁预应力施工应采用智能张拉技术，预应力管道压浆应采用智能压浆或真空辅助压浆技术，同时应采用信息化手段采集施工数据。具体要求见本指南相关章节。

3.4.2 材料要求

1 预应力筋应满足以下要求：

1）预应力混凝土结构所采用的钢丝、钢绞线、螺纹钢筋等材料的性能和质量，应符合现行国家标准的规定。

2）预应力筋的下料长度应通过计算确定，计算时应考虑结构的孔道长度或台座长度、锚夹具厚度、千斤顶长度、接头或镦头预留量、冷拉伸长值、弹性回缩量、张拉伸长值及张拉工作长度等因素。

2 锚具、夹具及连接器应满足以下要求：

1）预应力锚具、夹具和连接器应具有可靠的锚固性能、足够的承载能力和良好的适用性，应能保证充分发挥预应力筋的强度，安全地实现预应力张拉作业。

2）预应力筋锚具应按设计要求采购，锚具应满足分级张拉、补张拉以及放松预应力的要求。用于后张结构时，锚垫板宜设置压浆孔或排气孔，压浆孔应有足够的截面面积（内径不小于20mm），以保证浆液的畅通。

3）一般桥梁的锚具、夹具和连接器进场时，除应按出厂合格证和质量证明书核查其类别、型号、规格和数量外，尚应按规范规定进行外观检查、硬度检验，对于特大桥、大桥及重要桥梁工程使用的锚具产品还应进行静载锚固性能试验。

4）锚具锚下螺旋钢筋进场后应组织验收，其钢筋的规格、直径及螺旋筋的缠绕直径、间距和圈数应符合规范要求。

3　管道应满足以下要求：

1)在后张有黏结预应力混凝土结构或构件中,预应力筋的孔道宜由浇筑在混凝土中的刚性或半刚性管道构成,或采取钢管抽芯、胶管抽芯和金属伸缩套管抽芯等方法进行预留。

2)设置在混凝土中的刚性或半刚性管道不得有漏浆现象,应具有足够的强度和刚度,应能使其在混凝土的重量作用下保持原有的形状,并能按要求传递黏结应力。

3)刚性管道应是壁厚不小于2mm的平滑钢管,并应具有光滑的内壁且可被弯曲成适当的形状而不会卷曲或被压扁。

4)半刚性的金属波纹管应采用厚度不小于0.3mm的镀锌冷轧薄钢带卷制,其性能和质量应符合现行行业标准的规定。安装波纹管前,应检查波纹管压轮是否咬合紧密。金属波纹管的连接管宜采用大一级直径的同类管道,其长度宜为被连接管道内径的5~7倍,接头长度不得低于规范要求,并在连接处用密封胶带封口,确保不漏浆。

5)半刚性的塑料波纹管应以高密度聚乙烯树脂(HDPE)或聚丙烯(PP)为主要原料经热熔挤出成型,壁厚、环刚度等应满足有关要求。接头方式应根据实际情况选用,应采用专用焊接机进行热熔焊接或采用具有密封性能的塑料结构连接器连接,当采用真空辅助压浆工艺进行孔道压浆时,管道的所有接头应具有可靠的密封性能,并应满足真空度的要求。

4　压浆材料应满足以下要求：

1)管道压浆材料应采用专用压浆料或专用压浆剂配制的浆液进行压浆。

2)膨胀剂宜采用钙矾石系或复合型膨胀剂,不得采用以铝粉为膨胀源的膨胀剂或总碱量0.75%以上的高碱膨胀剂。

3)材料进场后应分类存放在仓库内,仓库应干燥、防潮、通风良好、无腐蚀气体和介质,严禁使用受潮的压浆材料。

3.4.3　施工要点

1　预应力筋的加工和截断应在专用的操作平台上进行,防止污染。

2　预应力筋的切割应采用砂轮锯或切断机,不得采用电弧焊或氧乙炔进行切断。

3　不得在钢绞线原材料存放场地及已穿钢绞线的梁端部附近进行电焊作业,防止焊渣溅落到钢绞线上;严禁采用有效的钢绞线作为电焊机的接地线。

4　在钢筋绑扎过程中,应根据设计的位置精确定位波纹管和锚垫板位置。宜将锚垫板安装在模板上,锚垫板孔应与管道同轴线,其端面应与管道轴线垂直,不得错位。锚垫板下应设置配套的螺旋钢筋,波纹管应用U形或井字形定位筋固定,控制点处设波纹管定位标识牌(图3.4.3-1)。直线段定位筋间距不应小于0.6m,曲线段定位筋间距不应小于0.4m。所有管道均应在每个顶点设排气孔,需要时在每个低点设置排水孔。波纹管与普通钢筋位置发生冲突时,普通钢筋应避让波纹管。

5　采用后穿钢绞线法施工时,在浇筑混凝土之前,圆形波纹管应穿入比波纹管内径小10mm的塑料软管,负弯矩扁管穿入四根小塑料软管,防止波纹管挤压变形、漏浆(图3.4.3-2)。塑料衬管应在混凝土初凝后及时抽出。

a)波纹管定位架

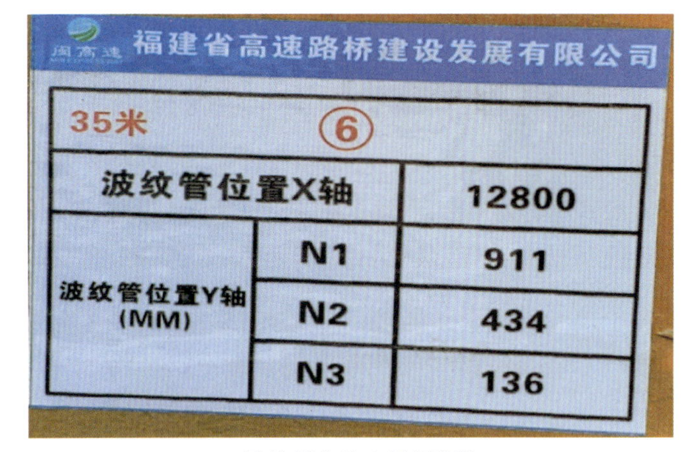

b)波纹管定位坐标标识牌

图 3.4.3-1　波纹管定位及坐标标识牌

6　预应力筋采取整束穿入孔道内时应预先编束(图 3.4.3-3),编束时应将钢丝或钢绞线逐根理顺,防止缠绕,每隔 1.0~1.5m 捆绑一次,使其绑扎牢固、顺直。

图 3.4.3-2　塑料衬管

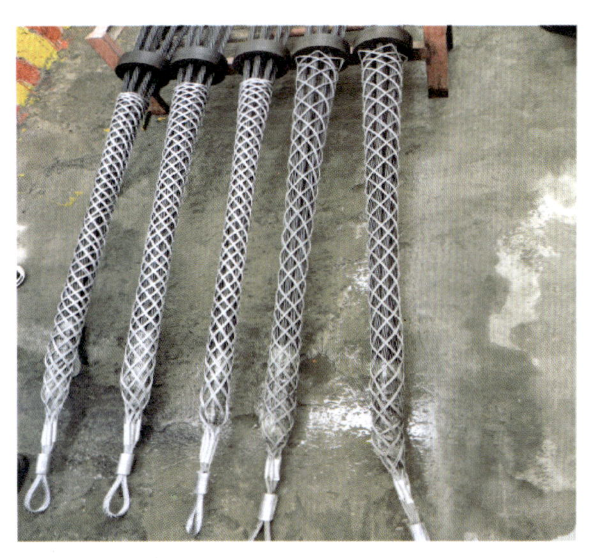
图 3.4.3-3　钢绞线编束

7　焊接钢筋时,应做好波纹管的保护工作,应在管道上覆盖湿布,防止因焊渣灼穿管壁而发生漏浆、堵管。

8　对于多向预应力构件,在各向管道有交叉接触时,应在接触处采取有效的管道保护措施,防止穿束或压浆时造成穿孔导致先行压浆的管道浆液进入未穿束的管道内。

9　在浇筑混凝土前应对管道进行全面的检查,确保管道、锚具位置准确,接头严密、无漏孔。

3.4.4　施加预应力

1　施加预应力所用的机具设备及仪表应由专人使用和管理,并应定期维护和校验。千斤顶与压力表应配套校验、配套使用,以确定张拉力与压力表之间的关系曲线。

2　准备工作应符合下列规定：

1)施工现场已具备经批准的张拉顺序、张拉程序和施工作业指导书，经培训掌握预应力施工知识和正确操作的施工人员，以及能保证操作人员和设备安全的防护措施。

2)结构或构件混凝土的强度、弹性模量应符合设计规定，设计未规定时，强度应不低于设计强度等级值的80%，弹性模量应不低于混凝土28d弹性模量的80%。养生时间应遵从设计规定。

3)作业人员应持相应工种操作证，并经培训熟悉预应力施工知识和熟练掌握正确的操作。

4)张拉前先应做好千斤顶和压力表的校验与张拉吨位相应的油压表读数和钢丝伸长量的计算，尤其应对千斤顶和油泵进行仔细的检查，保证各部分不漏油并能正常工作。

5)锚具、工作夹片、限位板、千斤顶、工具锚、工具夹片已正确安装到位，预应力钢绞线在千斤顶穿心孔内应顺直，锚具锥孔内无污物。工作锚夹片与工具锚夹片不得混用，工作锚不得重复使用，工具锚的夹片应保持清洁，同时和锚具的锥形孔之间应保持良好的润滑状态。

6)张拉前应检查张拉设备性能是否正常，千斤顶、锚具、夹具、限位板等是否对准良好。

7)张拉前应采用高压水枪冲洗管道，并采用高压空气吹除积水，清除管道内杂物及检查管道是否通畅。

3　张拉应力控制应符合下列规定：

1)预应力筋的张拉控制应力应符合设计要求。当施工中需要对预应力实施超张拉或计入锚圈口预应力损失时，可比设计规定提高5%，但在任何情况下张拉控制应力均不得超过设计规定的最大张拉控制应力。

2)施工前应根据张拉工艺要求、实际使用材料参数，对预应力筋的张拉力与伸长量进行相应的计算，以保证预应力施加正确。

3)预应力张拉应采用张拉控制应力与伸长量双控制的方法。预应力筋采用应力控制方法张拉时，应以伸长值进行校核，实际伸长值与理论伸长值的差值应符合设计要求。张拉锚固后，锚下实际有效预应力与设计张拉预应力的相对偏差应不超过±5%，且同一断面中预应力束的有效预应力的不均匀度应不超过±2%。理论伸长值的计算应考虑工作长度的影响，设计未规定时，其偏差应控制在±6%以内。张拉过程中发现异常，如断丝或滑丝、回缩量超标、伸长量超过±6%和异响等，应及时停止张拉，待查明原因并采取措施予以调整后，方可继续张拉。

4)预应力筋张拉控制应力的精度为±1%。施加预应力时应采用信息化数据处理系统对各项张拉参数进行采集。

5)特大桥或特殊结构，应对锚圈口及孔道的摩阻损失进行测定，张拉时予以调整。

6)预应力筋的锚固应在张拉控制应力处于稳定状态下进行。锚固阶段张拉端锚具变形、预应力筋的回缩量和接缝压缩值应不大于规定要求。

4 张拉施工应符合下列规定:

1)张拉时应按设计规定的顺序分批、分阶段、对称地进行。

2)预应力筋应先编束,对每根预应力筋的首尾部应进行编号,每根预应力筋两端的编号应相同。

3)预应力筋应整束张拉锚固。对于扁平管道中平行排放的钢绞线束,在保证各根钢绞线不会叠压时,可采用小型千斤顶逐根张拉。

4)张拉顺序应符合设计要求。无设计要求时,钢束应采用两端同时对称张拉(设计为单端张拉除外),张拉顺序应按设计要求进行,原则上应采取"先上后下,先中间后两边,对称于构件截面的竖直轴线"的张拉顺序。

5)设计控制张拉应力 σ_{con} 应是扣除所有损失后的值,设计中个别影响因素未予考虑且未在设计文件中明确指出,则在施工中是否采取超张拉应与设计单位协商并根据实际情况确定,如设计未考虑锚圈口摩阻损失,在正式张拉之前应通过试验来确定锚具的摩阻损失。

6)每一束拉完后应检查断丝、滑丝情况是否满足规范要求(表3.4.4-1),若不满足则应重新穿束张拉。

表3.4.4-1 后张预应力筋断丝、滑移限制

类别	检查项目	控制数
钢丝束和钢绞线束	每束钢丝断丝或滑丝	1根
	每束钢绞线断丝或滑丝	1丝
	每个断面断丝之和不超过该断面钢丝总数百分比	1%
单根钢筋	断筋或滑移	不容许

注:1. 钢绞线断丝系指单根钢绞线内钢丝的断丝。
2. 超过表列控制数时,原则上应予以更换,当不能更换时,在许可的条件下,可采取补救措施,如提高其他束预应力值,但须满足设计上各阶段极限状态的要求。

7)所有张拉工作应统一按表3.4.4-2的格式及要求进行原始数据记录。

5 所有预制梁场必须使用预应力智能张拉设备(图3.4.4-1和图3.4.4-2),每个预制场应至少配备一套智能张拉设备,每个预制场的预应力智能张拉设备应采用相同品牌和型号。现浇梁、悬浇梁及负弯矩预应力张拉也应采用智能张拉设备。智能张拉设备应满足以下规定:

1)智能张拉设备应通过计量部门检验和鉴定,并在高速公路施工实践中质量稳定、数据可靠;应能实现远程监控功能,方便质量管理,提高管理效率,能实时进行交互,实现"实时跟踪、智能控制、及时纠错";应能提供数据接口,通过互联网,连入福建省高速公路建设监管一体化平台。

表 3.4.4-2　高速公路预应力张拉施工原始记录表

施工单位：　　　　　　　　　　　　　　　　　　　　合同号：　　　　　　第　页
监理单位：　　　　　　　　　　　　　　　　　　　　编　号：　　　　　　共　页

<table>
<tr><td colspan="2">桥梁名称</td><td></td><td colspan="2">构件名称</td><td></td><td colspan="2">构件编号</td><td></td><td colspan="2">张拉日期</td><td></td><td rowspan="3">预应力筋编号示意图</td><td colspan="2" rowspan="3"></td></tr>
<tr><td colspan="2">墩号</td><td></td><td colspan="2">钢筋(束)规格及每束根数</td><td></td><td colspan="2">构件跨中上拱度(mm)</td><td></td><td colspan="2">锚圈口等设计未考虑的预应力损失(若有)δ_m(kN)</td><td></td></tr>
<tr><td colspan="2">混凝土设计强度(MPa)</td><td></td><td colspan="2">张拉时混凝土强度(MPa)</td><td></td><td colspan="2">设计控制张拉力δ_k(kN)</td><td></td><td colspan="2">实际控制张拉力δ_{km}(kN)</td><td></td></tr>
<tr><td rowspan="2">钢束编号</td><td rowspan="2">张拉断面编号</td><td rowspan="2">千斤顶编号</td><td rowspan="2">记录项目</td><td colspan="11">张拉情况</td></tr>
<tr><td>初读数 10%</td><td>第一行程 20%</td><td>第二行程 100%</td><td>超张拉(%)(若有)</td><td>锚固力(kN)</td><td>放松时油压读数(MPa)</td><td>锚塞回缩量(mm)ΔL_S</td><td>张拉力值(kN)</td><td>伸长率(%)</td><td>伸长量实测值(mm)</td><td>伸长量计算值(mm)</td></tr>
<tr><td rowspan="6"></td><td rowspan="3">A</td><td>油表读数(MPa)</td><td></td><td></td><td></td><td></td><td></td><td rowspan="2"></td><td rowspan="2"></td><td rowspan="2"></td><td rowspan="2"></td><td rowspan="6"></td><td rowspan="6"></td><td rowspan="6"></td></tr>
<tr><td>张拉力(kN)</td><td></td><td></td><td></td><td></td><td></td></tr>
<tr><td>伸长量(mm)</td><td></td><td></td><td></td><td></td><td></td><td rowspan="2"></td><td rowspan="2"></td><td rowspan="2"></td><td rowspan="2"></td></tr>
<tr><td rowspan="3">B</td><td>油表读数(MPa)</td><td></td><td></td><td></td><td></td><td></td></tr>
<tr><td>张拉力(kN)</td><td></td><td></td><td></td><td></td><td></td><td rowspan="2"></td><td rowspan="2"></td><td rowspan="2"></td><td rowspan="2"></td></tr>
<tr><td>伸长量(mm)</td><td></td><td></td><td></td><td></td><td></td></tr>
<tr><td colspan="3">滑丝根数</td><td colspan="5"></td><td colspan="2">断丝根数</td><td colspan="5"></td></tr>
<tr><td colspan="3">A 端操作人员姓名</td><td colspan="5"></td><td colspan="2">B 端操作人员姓名</td><td colspan="5"></td></tr>
</table>

现场施工负责人：　　　　　　质检员：　　　　　　现场技术人员：　　　　　　监理工程师：

注：1. 实际控制张拉力 δ_{km} = 设计控制张拉力 δ_k + 锚圈口等设计未考虑的预应力损失 δ_m。
2. 伸长量计算值是由实际控制张拉力 δ_{km} 计算得出的伸长值。
3. 张拉伸长率为伸长量实测值与伸长量计算值之差占伸长量计算值的百分比。
4. 回缩量 ΔL_S 应不大于设计规定或规范要求的容许值，夹片式锚具一般不大于 6mm。

图 3.4.4-1 前(自)锚式智能张拉设备

图 3.4.4-2 预应力智能张拉系统

2)应依靠计算机运算精确计算并自动控制施工过程中所施加的预应力值,在张拉各阶段自动补张拉至规定值,将张拉力误差范围控制在 ±1%。控制系统应具有一键自动张拉功能,即自动完成预应力张拉、持荷、锚固全过程;系统的操作界面应能及时显示功能和数据,操作按钮应灵敏;系统的接收信号和发送信号应及时、准确;应能按照张拉工艺的要求,自动控制预应力张拉。

3)应实时自动采集钢绞线伸长量数据,自动计算伸长量,及时校核伸长量,与张拉力同步控制,实现应力和伸长量"双控";应实时显示张拉力和伸长值的数据,显示张拉力与时间、伸长值与时间、张拉力与伸长值的关系曲线,且系统具有张拉力和伸长值的自动调控功能。

4)张拉程序软件应可设置张拉力、停顿点、加载速率、持荷时间等张拉过程要素并自动控制;张拉完成后,应自动生成张拉报告,相关数据同步生成,由现场管理人员确认张拉数据是否上传至管理平台。系统应能设置操作人员和现场管理人员权限并固化张拉参数,设备厂商不得提供任何"后门"程序修改数据,操作人员无权修改。

5)应实现一台计算机控制两台或多台千斤顶同时、同步对称张拉,实现"多顶两端同步张拉"工艺。各千斤顶之间的同步张拉力值偏差应设置在 ±2% 以内。

6)千斤顶的额定张拉力宜为所需张拉力的 1.5 倍,且不应小于所需张拉力的 1.2 倍;与千斤顶配套使用的压力表应选用防振型产品,其最大读数应为张拉力的 1.5 ~ 2.0 倍,标定精度应不低于 1.0 级;位移传感器应与预应力用液压千斤顶集成为一体,设备运行时,位移传感器应能实时监测预应力液压千斤顶活塞杆移动量。

6　预应力钢绞线在张拉控制力达到稳定后方可锚固,切除端头多余钢绞线必须使用砂轮机,严禁采用电弧进行切割,同时不得损伤锚具。预应力钢绞线切割后的外露长度不应小于30mm,且不应小于1.5倍预应力筋直径。锚具长期外露时,应采取防止锈蚀的措施。

3.4.5　封锚及后张孔道压浆

1　压浆前工艺流程:压浆用压浆料配合比专项试验→波纹管留孔→压浆设备准备→切割锚头部分钢绞线、封锚→锚头安装控制阀门→连接真空泵对孔道抽真空→制浆、压浆。

2　预应力筋张拉完成并经核实张拉数值均能够满足要求后应及时进行切割钢绞线和封锚工作,锚头处宜采用C50以上细石混凝土或环氧砂浆类材料封锚;采用混凝土封堵时应保证锚具外侧有50~70mm以上的封锚厚度。

3　应采用真空辅助智能压浆技术。

4　预应力筋张拉锚固后,应在48h内完成压浆,否则应采取避免预应力筋锈蚀的措施。

5　工地试验室应对专用压浆材料加水进行试配,专用压浆料或专用压浆剂应按其使用说明配制压浆浆液。压浆浆液应采用转速不低于1000r/min的高转速搅拌机进行搅拌,有条件时宜采用转速不低于1400r/min的搅拌机。

6　应采用压浆嘴进行压浆施工,压浆嘴、排气管必须带阀门,严禁采用木塞或破布等代替阀门,压浆嘴与排气孔阀管应按设计要求埋设安装;当设计未做要求时,压浆嘴宜安装在需压浆结构物的进口端下部或预应力管道较低的部位;排气孔阀管宜安装在待压浆结构物的上部或预应力管道较高的部位;压浆嘴与排气孔阀管应与预应力管道同步安装埋设。

7　压浆前应采用压力水冲洗预留孔道内的杂物,并应观测预留孔道有无穿孔现象,再采用空压机吹除孔道内的积水。同时,应对压浆设备进行清洗,清洗后的设备内不应有残渣和积水。

8　压浆时宜先压注下层孔道。对曲线孔道和竖向孔道应从最低点的压浆孔压入,并由最高点的排气孔排气和泌水。

9　压浆应采用活塞式压浆泵进行,压浆前应先将压浆泵试开一次,运转正常并能达到所需压力时,方可正式压浆。对水平或曲线孔道,压浆的压力宜为0.5~0.7MPa;对超长孔道,最大压力宜不超过1.0MPa,当超过时可采用分段的方式进行压浆;对竖向孔道,压浆的压力宜为0.3~0.4MPa。关闭出浆口后,宜保持一个不小于0.5MPa的稳压期,该稳压期的保持时间宜为3~5min。

10　压浆作业应连续进行,若中间停止时间超过40min,应将剩余的浆液废弃,并彻底清洗压浆设备。

11　孔道压浆后,应立即将梁端的浆液冲洗干净,同时,应清除支承垫板、锚具及端部混凝土的污垢。压浆完成后,所有进出浆口均应予以封闭,直到浆液终凝前所有塞子、盖子或气门均不得移动或打开。

12 真空辅助压浆施工还应注意以下控制要点：

1）预应力筋张拉完成后，应切除外露的钢绞线，并进行封锚，以防压浆抽真空时漏气或漏浆。

2）在正式开始真空辅助压浆前，应采用真空泵试抽真空；波纹管应具有一定刚度，防止抽真空过程中孔道瘪凹。

3）孔道内的真空度宜稳定在 -0.1 ~ -0.06MPa。

4）保持真空泵在启动状态，开启压浆端阀门，将拌制好的浆液向孔道压注，直至与压浆口相同稠度的浆体从出浆端连接的透明管中排出。

5）压浆完成后，应立即清洗连接至真空泵的透明管，以便下次压浆观察。

13 采用预应力智能压浆设备时（图3.4.5），应满足以下要求：

1）应能实现远程监控功能，方便质量管理，提高管理效率，能实时进行交互，实现“实时跟踪、智能控制、及时纠错”；应能提供数据接口，通过互联网，连入福建省高速公路建设监管一体化平台。

2）灌浆过程应由计算机程序控制，可以对浆液的水胶比、灌浆压力、稳压时间、流量及充盈度等各个指标自动监测、记录并打印压浆报表，实现预应力管道压浆的远程监控。

图3.4.5 预应力智能压浆系统

3.4.6 封端施工

1 封端混凝土的配合比和强度应与梁体混凝土相同，并根据需要选择封锚模具（图3.4.6）。

2 封端之前应对梁端面凿毛，按设计要求绑扎、焊接钢筋或钢筋网片。设伸缩装置的梁端封端时，应严格按设计要求设置伸缩装置的预埋件。

3 封端模板应固定准确，立模后应校核梁长，其长度应符合规定。应严格控制有纵坡桥梁的梁端竖直度。

4 混凝土浇筑完后宜静置1 ~ 2d，带模浇水。脱模后在常温下养生不少于7d。冬季气温低于5℃时不得浇水，养生时间应增长，并采取保温措施。

a) PVC套管封锚

b)不锈钢模具封锚

c)不锈钢模具

d)箱梁封锚

图3.4.6　封锚

3.4.7　安全环保

1　在钢绞线拆封前,宜将整捆的钢绞线吊放在建筑钢管制成的框架中或用型钢焊接制成的笼中,然后拆盘下料,防止钢绞线在下料时伤人。

2　张拉作业的平台及施工架应搭设坚实牢固,并经受力验算合格。预应力张拉油管应检查有无裂纹、接头是否牢靠,高压油管接头应加防护套。油泵运转不正常时应立即停止进行检查,在有压情况下,不得随意拧动油泵或千斤顶各部位的螺栓。高处进行张拉作业时,作业人员必须在符合安全标准的脚手架或操作平台上进行作业,并做好临边防护。使用挂吊篮作业时,作业人员必须系好安全带。

3　张拉作业时,千斤顶后方应设置挡板,应同时具备消能功能和阻挡功能,宜采用钢板或砖墙防护,挡板应距离所张拉预应力筋端部1.5~2.0m,高出最上一组预应力筋0.5m,宽度距预应力筋外侧各不小于1m。千斤顶后方危险区严禁人员滞留、穿行。张拉系统的操作台应派专人值守,张拉操作过程中不得离开控制台,发现异常应立即按下急停按钮并报告现场管理人员,待问题解决后方可继续张拉施工。

4　压浆工作人员应穿雨鞋,戴防护眼镜、口罩和安全帽等防护用品。

5　压浆后要及时清洗相关工作面,污水应在沉淀后才能进入预制场水循环系统中,固体废物和钢绞线切除头应集中处理。

4 桥梁基础

4.1 灌注桩

4.1.1 一般规定

1 应熟悉和分析施工现场的地质和水文相关资料,以及施工现场环境,排查施工区域内的地下管线(管道、电缆)、地下构筑物、危险建筑等的分布情况。

2 应按照设计资料提供的地质剖面图,选用适当的成孔方式以及钻机和钻头。钻机就位前,应对钻机坐落处进行平整和加固,并对主要机具的安装、配套设备的就位及水电供应等各项准备工作进行检查。

3 浅水区域的灌注桩在征得河道、水务等部门的同意后可采用筑岛法施工。较深水域的灌注桩施工应搭设施工栈桥和施工平台,每个墩位设一工作平台,且必须满足钻机就位和吊放钢筋笼的平面要求及混凝土运送要求。栈桥及平台宜采用钢管桩搭设,横梁采用型钢或桁架,海水区域应采取必要的防腐蚀措施,桥面板宜采用 UHPC 混凝土板、钢板。平台高于施工期间最高水位 1m 以上并考虑水域波高影响,并应保证其具有足够的强度、刚度和稳定性。采用冲击钻成孔的,钢护筒不宜兼作工作平台。

4 对于溶洞地区,应详细掌握溶洞出现的桩号、范围的大小,针对每个桩位地质资料,结合设计提出施工方案;钻机支承点应远离桩位,且钻机应用“八”字缆风绳拴拉;应配备处理施工故障的备用机具设备并应根据溶洞发育情况,备足袋装黏土、片石、袋装水泥等应急材料;在合适位置设置大泥浆池备足泥浆和泥浆泵,确保溶洞钻穿时迅速补浆,防止塌孔。

5 对工程地质、水文地质或技术条件特殊复杂的钻孔灌注桩,应在施工前进行工艺试桩,获得相应的工艺参数后再正式施工。

6 挖孔灌注桩适用于无地下水或少量地下水,较密实的土层或风化岩层。存在下列条件之一的区域不得使用人工挖孔:

1)有地面水区域、河道、季节性河道;

2)地下水丰富、软弱土层、流沙等不良地质条件的区域;

3)孔内空气污染物超标准;

4)机械成孔设备可以到达的区域;

5)桩径或最小边宽度小于 1200mm 时。

7 建设单位及总监办对拟采用人工挖孔的桩基条件应严格把关。确需采用人工挖孔的桩基应按“一孔一方案”的原则编制专项施工方案,方案经专家评审并修改完善后,报监理工程师审批同意后方可组织实施。

8　所有桩基必须进行无破损检测。桩检结果Ⅰ类桩不低于95%,检测出现Ⅲ类桩应原桩位冲孔恢复。

4.1.2　施工要点

1　护筒埋设应满足以下要求:

1)陆上或浅水区筑岛处的护筒内径应大于桩径至少0.2m,护筒的埋置深度宜为2~4m,护筒顶高程应高于桩顶设计高程1m,在水中或特殊情况下应根据设计要求确定。陆上护筒高出地面不少于0.3m,浅水区域护筒应高出最高水位0.5~1.0m;潮水区域护筒应高出最高水位1.5~2m,并有稳定护筒内水头的措施。

2)护筒埋设后应核对位置,护筒位置偏差不大于50mm,倾斜度不大于1%。

3)钢护筒在普通作业场合及中小孔径的条件下,应采用厚度不小于8mm的钢板卷制;在深水、复杂地质及大孔径等条件下,应采用厚度不小于10mm的钢板卷制。当钢护筒长度大于10m且需要锤击或振动下沉时,其径厚比不宜大于120。

4)对于大型溶洞、半填充的溶洞、溶洞上方覆盖层为淤泥或较厚的粉细砂层,宜采取护筒跟进的方法。钢护筒就位后,应采用灌混凝土、碎石、块状黏土、注浆等方法封堵护筒脚、护筒之间、护筒与孔壁之间的空隙。

5)孔口应设置稳固的盖板、防护栏杆、安全网、其他防止人员和物体坠落的防护设施(图4.1.2-1)。

图4.1.2-1　孔口防护

2　挖孔桩护壁应满足以下要求:

1)土层或者破碎岩石中,应设钢筋混凝土护壁以确保施工安全。宜采用等厚度混凝土支护方法,混凝土护壁应随挖随浇,每节深度应符合专项施工方案要求,且不得超过1m;当桩径小于或者等于1.5m时,护壁混凝土的强度等级应不小于C25,桩径大于1.5m时应不小于C30。

2)混凝土护壁浇筑前,上下段护壁的钩拉筋应绑扎牢固,护壁模板应在混凝土强度达到5MPa以上后拆除。

3）护壁高度应高出原地面不少于0.3m，孔口硬化宽度不小于0.6m（图4.1.2-1）。同时应在孔口四周开挖截水沟、排水沟，阻止地表水进入。

3 泥浆应满足以下要求：

1）钻孔前应完成泥浆循环系统的设置，拌制的泥浆应经检验且符合规范的要求。应配备泥浆处理设备（图4.1.2-2）。

2）泥浆的相对密度应根据钻进方法、土层情况适当控制，不宜超过1.2，冲击孔钻进不宜超过1.4，尤其要控制清孔后的泥浆指标。泥浆的具体性能指标参照现行《公路桥涵施工技术规范》（JTG/T 3650）。

图4.1.2-2 泥浆处理器

3）旱地桩制浆池和沉淀池的大小宜视桩径、桩长及钻机型号而定，且应有一定富余。

4）深水处桩基应在岸上设黏土库、泥浆池，用于配制或沉淀净化泥浆；在水上应配备泥浆船，用于储存、循环、沉淀泥浆。

5）储浆池和沉淀池周围应设立防护设施（图4.1.2-3），制浆池、储浆池应打底固边，钻渣应及时清除，满足环保要求。沉淀池开挖深度不得超过2m。

图4.1.2-3 泥浆池防护

4 采用正循环回旋钻成孔施工应满足以下要求：

1）在钻孔阶段应始终保持孔内水位高于护筒底口0.5m以上，且孔内水位高度应高于地下水位1m以上。

2)钻孔过程中应严格控制泥浆相对密度,注意地层变化情况,经过不同地层时应适时调整泥浆。

5　采用反循环回旋钻成孔施工(图4.1.2-4和图4.1.2-5)应满足以下要求:

1)钻头距孔底0.2~0.3m,注入泥浆,启动钻机时,应慢速钻进。

2)长桩施工时,应根据不同土层、不同的钻孔深度采用不同的钻压、转速、配重、进尺速度及泥浆指标。

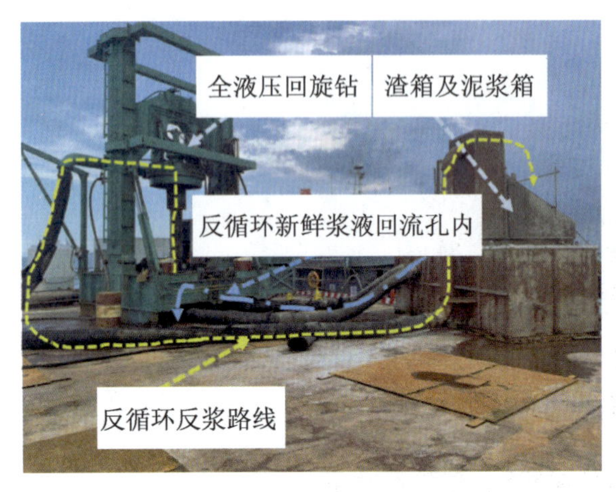

图4.1.2-4　液压反循环钻机

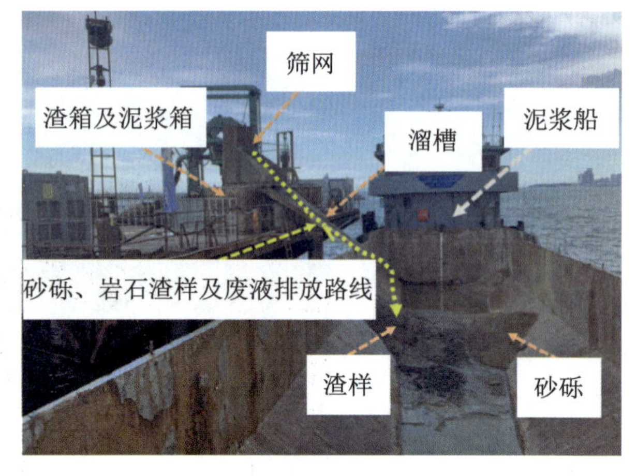

图4.1.2-5　旋流分离器

6　采用冲击钻孔成孔施工应满足以下要求:

1)开孔及整个钻进过程中,应始终保持孔内水位高出地下水位1.5~2.0m,孔内水位应高于护筒底口0.5m以上。

2)冲击钻钻头直径应不小于设计桩径,宜采用重锤低击的施工工艺。

3)冲击钻进时应随进尺快慢及时放置钢丝绳,严禁打空锤。宜采用自动控制冲击钻进,最大冲程不宜超过6m。施工中应在钢丝绳上做长度标志,准确控制钻头的冲程。

4)施工溶岩桩时,当钻机钻至洞顶0.5~1.0m时,应加大泥浆密度和稠度,并缩小冲程,逐渐将洞顶击穿,以防止卡钻。在击穿洞顶之前,应有专人观测护筒内泥浆面的变化,一旦泥浆液面下降,应迅速补浆。

5)对于大型溶洞或多层溶洞,为防止其与相邻串孔或成孔后孔形有葫芦状,宜灌注低强度等级混凝土进行填充或注浆(水泥浆、水泥砂浆、加速凝剂水泥浆)预处理,冲击成孔应在预处理达到一定强度后(一般需10d左右)进行。

6)深水或地质条件较差的相邻桩孔不宜同时钻进。

7　采用旋挖钻成孔施工应满足以下要求:

1)旋挖钻机用于支架平台上钻孔时,应对支架平台进行专门设计。

2)在开孔及整个钻进过程中,应始终保持孔内水位高出地下水位1.5~2.0m,并低于护筒顶面0.3~0.5m。

3)若施工地质条件稳定、无地下水,可采用干挖法进行钻孔。

4)不得采用加深钻孔深度的方式代替清孔。

8 采用人工挖孔成孔施工应满足以下要求：

1）桩孔开挖时，应先开挖桩孔中间部分的土方，然后向周边扩挖。桩孔开挖的范围应为设计桩径加护壁厚度，孔壁支护不得占用桩径尺寸，分段开挖的节段高度应根据土质的不同情况确定。在土质较好的情况下，约1m为宜；当土层坚硬、不致坍陷时可加大到1.5m；当土层松软如细沙土或含水率大的黏土时，开挖节段高度宜减小至0.4～0.6m。

2）应控制好桩孔截面尺寸，每一节段开挖完成后，应检查桩径尺寸、平面轴线位置和倾斜度情况，符合设计和规范要求后，应立即安设模板，浇筑护壁混凝土。

3）孔内遇到岩层需爆破时，应编制专项施工方案。爆破应以松动为主，采用浅眼松动爆破法应严格控制炸药用量并在炮眼附近加强支护，最后0.3m范围应采用风镐开挖至孔底。

4）打眼放炮必须采用电雷管引爆，严禁裸露药包。对于软岩石炮眼深度不超过0.8m，硬岩石不超过0.5m。孔内放炮后应立即排烟，经检查孔内无有害气体后，人员方可下孔施工。

5）挖孔掘进和护壁必须集中力量连续作业，宜组织四班制作业。每班根据作业面安排作业人员，每4组配备一名电工，井上井下人员应该交替更换。出渣时卷扬机应慢速提升。

9 终孔及检验应满足以下要求：

1）钻孔过程应详细做好钻孔原始施工记录，包括时间、高程、挡位、钻头、进尺情况、地质情况等。

2）每钻进2m（接近设计终孔高程时，应每0.5m）或地层变化处，应在出渣口捞取钻渣样品（入岩后应通过在钻头的渣样取样筒捞取钻渣样品），洗净后收进专用袋内保存，标明土类和高程，以供确定终孔高程（图4.1.2-6）。

图4.1.2-6 渣样盒

3)钻孔灌注桩在成孔过程应采用专用检孔器对成孔质量进行检验。检孔器外径应比钢筋笼外径大100mm,长度不小于孔径的4~6倍。终孔后应采用专用仪器对孔径、孔形、倾斜度、沉淀厚度等进行检测,孔深可采用专用测绳检测。

4)挖孔达到设计深度后应进行孔底处理,做到孔底表面无松渣、泥、沉淀土。

5)孔深、孔形、孔径等经检验合格后方可进入下一道工序。

10　清孔应满足以下要求:

1)成孔检查合格后应进行清孔,并应清除护筒上的泥皮;灌注混凝土前,应再次检查沉淀层厚度、泥浆指标,如超过规定值应进行二次清孔,符合要求后应立即灌注混凝土。

2)正循环钻机、冲击钻机、旋挖钻机成孔应采用换浆法清孔,反循环钻机成孔应采用抽渣法清孔。不论采用何种方式清孔,都应及时向孔内注入密度合适、含砂率低、稠度较好的泥浆。

11　钢筋笼加工及就位应满足以下要求:

1)钢筋笼应每隔2~4m设置临时三角加劲撑,以防变形;加强箍肋必须设在主筋的内侧,环形箍筋在主筋的外侧,并同主筋进行点焊,不得采用绑扎。

2)钢筋笼加工完成后,应在加工厂进行预拼装。每节钢筋笼均应有半成品标志牌,标明品名、钢筋产地、规格型号、检验状态、使用部位、报告编号。

3)钢筋笼可厂内滚焊加工(图4.1.2-7),现场安装应采用专用吊具。

4)钢筋骨架下放到位后,应对其顶端定位并固定,不得直接沉底,并防止灌注混凝土时钢筋骨架偏移、上浮。

5)桩基的声测管设置应满足设计要求。

6)钢筋笼安装完成后,应对钢筋笼平面中心位置及高程进行复测,确保定位准确。

图4.1.2-7　桩基钢筋笼滚焊

12　水下灌注桩混凝土施工应满足以下要求:

1)钻孔桩水下混凝土灌注宜采用直升导管法。

2)灌注水下混凝土时,导管的直径宜按桩长、桩径和每小时灌注的混凝土数量确定,或按表4.1.2选用;导管的壁厚应满足强度和刚度的要求,确保混凝土安全灌注。导管接头宜采用快速螺纹接头,严禁采用外法兰盘接长导管,防止导管与钢筋骨架之间挂带。

表4.1.2 导管直径表(参考)

导管直径(mm)	通过混凝土数量(m^3/h)	桩径(m)
200	10	0.6~1.2
273	17	1.0~2.2
325	25	1.5~3.0
350	35	>3.0

3)导管在使用前和使用一个时期后,应对其规格、质量和拼接构造进行认真检查,并做拼接、过球和水密、承压、接头抗拉等试验,经常更换密封圈。

4)灌注过程中,导管的埋置深度宜控制在2~6m。对于溶岩桩,水下混凝土灌注前应考虑扩孔及填充溶洞的需要,并适当加大溶洞导管埋深(6~8m为宜)。

5)水下混凝土的强度、和易性、坍落度等应符合设计和规范的要求。

6)首批混凝土灌入后,应立即测探孔内混凝土面高度,导管离孔底的高度应为0.2~0.4m左右,导管埋置深度不应小于1m。

7)在进行水下混凝土灌注时,严禁将泵车泵管直接伸入导管内进行灌注,必须经过料斗进行灌注。

8)最终混凝土灌注的顶面高程应比设计高1.0m以上。

13 挖孔桩和旋挖钻干挖成孔桩的混凝土施工应满足以下要求:

1)当桩孔内无积水,或从孔底和孔壁渗出的地下水上升速度较小(<6mm/min)时,可采用干灌浇筑。

2)当从孔底和孔壁渗出的地下水上升速度较大(≥6mm/min)时,应按水下混凝土的要求进行灌注。

14 桩头凿除应满足以下要求:

1)桩基混凝土强度达到15MPa以上方可破除桩头。破除桩头时,应保护好钢筋。桩头凿除时应对桩头凿除边线采用割刀等工具预先切割,不得在桩头未预先切割处理的情况下,直接由人工采用风镐或其他工具凿除。

2)桩头凿除宜采用"预先切割法+机械凿除"桩头处理工艺、"环切法"整体桩头处理工艺等,不得使用"直径凿除法"桩头处理工艺,严禁采用炸药或膨胀剂等材料,也不得使用大功率镐头机直接破除桩头(图4.1.2-8)。

4.1.3 质量控制

1 开工前应认真研究地质钻探资料,分析地质情况,对可能出现的流沙、管涌、涌水等不良地质等情况,应制定针对性的措施。

2 挖孔桩护壁方案应符合桩孔的地质情况。

图 4.1.2-8　桩头环切

3　成孔后应清孔,并测量孔径、孔深、孔位和沉渣厚度,确认满足设计要求并符合施工技术规范规定后,方可灌注水下混凝土。孔底应无松渣、淤泥等扰动软土层,孔底地质状况应满足设计要求。

4　水下混凝土应连续灌注,灌注时钢筋笼不应上浮。

5　凿除的桩头应无残余的松散混凝土,嵌入承台的锚固钢筋长度不得小于设计要求的锚固长度,钢筋应保持顺直,不得扭曲变形。

4.1.4　安全环保

1　桩基施工前应调查地面、地下建筑物(构筑物)及各种管线,确定其位置并设置明显标志,必要时应拆、移或采取相应保护措施,并应保证施工作业不危及各种设施及地下管线安全。

2　钻孔桩施工应满足以下安全环保要求:

1)桩机作业区域应平整,桩机下方基础应密实、稳定,应采取安全防护措施并设立警示标志,非工作人员未经批准不得入内。钻机安装时,钻架顶端应用缆风绳对称张拉,地锚应牢固。

2)钻机处应设工程标示牌,标明所施工桥名、墩台及桩位编号、护筒顶高程、设计桩长及桩底高程等,施工过程中做好钻孔记录,保留渣样。

3)钻机运行中作业人员必须位于安全位置,严禁靠近或触摸钻杆,钻具悬空时下方严禁站人,施工过程中严禁人员进入孔内作业。

4)沉淀池禁止设在正线路基上,其开挖深度不得超过2m,以便于晾晒处理。

5)发生塌孔和护筒周围冒浆等事故时应立即停钻,钻机有倒塌危险时必须立即将人员撤离至安全位置,经技术处理并确认安全后方可重新作业。

6)钻孔泥浆的原料宜选用性能合格的黏土或其他符合环保要求的材料。所有制浆池、储浆池和沉淀池周围应设立安全防护栏杆和安全标志(图 4.1.4-1)。

3　人工挖孔桩施工应满足以下安全环保要求:

1)挖孔桩位处应按照"工地建设"分册的要求设立标示牌。孔口四周必须搭设防护围栏,应采用定制的标准围栏,并固定牢靠。停止作业时孔口应加盖并设置围栏和警告标志牌，夜间要照明，防止人员掉入孔中(图 4.1.4-2)。

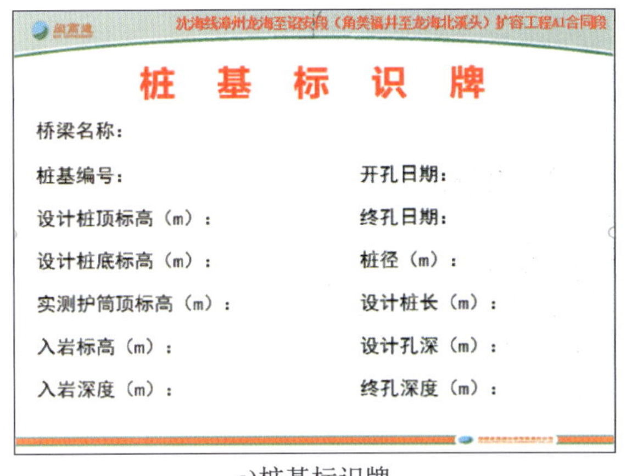

a)桩基标识牌

b)成桩保护

图 4.1.4-1　桩基标识与围挡

2)挖孔作业前，应详细了解水文、地质等情况，不得盲目施工。

3)挖孔作业必须采用机械强制通风，挖孔作业必须配备气体浓度检测仪器，进入桩孔前应先通风 15min 以上，并经检测确认孔内空气符合现行《环境空气质量标准》(GB 3095)规定的三级标准浓度限值。

4)施工现场必须配备不少于 5 套且满足施救需要的隔绝式压缩氧自救器等应急救援器材。

5)绞车、绞绳、吊斗、卷扬机等设备应完好，起吊设备应装设高度限位器和防滑脱装置(图 4.1.4-3)。孔内必须设置半圆防护装置，起吊土石时井下人员应在防护板下方(图 4.1.4-4)。

图 4.1.4-2　孔口围栏及标识

图 4.1.4-3　防坠装置

6)挖孔桩施工应跳槽开挖，相邻桩孔不得同时开挖，相邻两孔中的一孔浇筑混凝土时，另一孔内不得有作业人员。

图 4.1.4-4　半圆防护装置

7)挖孔桩孔内应有足够照明、通风、排气设施,并备有逃生安全爬梯。

8)孔深超过 15m 的桩孔内应配备有效的通信器材,作业人员在孔内连续作业不得超过 2h;孔深超过 30m 的应配备作业人员升降设备,升降设备应具备紧急制动装置。严禁使用出渣桶上下人员。

9)起爆作业前,孔口应做覆盖防护,且相邻桩孔人员必须撤离现场。爆破作业的安全管理应按照现行《爆破安全规程》(GB 6722)中的有关规定执行。

10)专职安全管理人员应对施工现场进行检查监控,遇塌孔、地下水涌出、有害气体等异常情况必须立即停止作业,及时将孔内外人员撤离危险区。

4.2　扩大基础及承台

4.2.1　一般规定

1　桩基承台施工前桩身完整性应检测合格,施工前测量放样应已完成,并经监理工程师检验合格。

2　基坑开挖前应熟悉施工图纸,核对现场地质水文情况是否与设计文件相符;应勘探、调查清楚基坑范围及周边地面下的管线、构造物等的位置和数量,并采取必要的措施,避免造成破坏。

3　明挖地基开挖前应对基坑边坡的稳定性进行验算,并应制定专项施工技术方案和安全技术方案。基坑开挖需要爆破时,爆破作业的安全管理应符合现行《爆破安全规程》(GB 6722)的规定。5m 以上深基坑开挖应进行专家评审认证及评估。

4　明挖基础宜在少雨季节施工。基坑开挖后不得受水浸泡,不得长时间暴露。基坑顶面应在开挖前做好防、排水设施,排水措施有效。基坑顶面 2m 内不得堆载重物。深基坑施工应采用坑外降水,防止邻近建筑物沉降。

5　基坑开挖时应对基坑边缘顶面的各种荷载进行严格限制,在基坑边缘与荷载之间设置护道,基坑深度小于或等于 4m 时护道的宽度应不小于 1m,基坑深度大于 4m 时护道的宽度应按边坡稳定计算结果进行适当加宽,水文和地质条件较差时应采取加固措施。基坑顶有动载时，坑口边缘与动载间的安全距离应根据基坑深度、坡度、地质和水文条件及动载大小等情况确定。

6 大型深基坑除遵循边开挖、边支护的原则施工外，宜建立边坡稳定信息化动态监控系统。开挖过程中应监测边坡的稳定性、支护结构的位移和应力、邻近建（构）筑物的沉降与位移、地下水位变化以及基底隆起等项目。

7 围堰施工应满足以下一般要求：

1）围堰工程必须编制专项施工方案，专项施工方案必须经施工单位或总承包单位技术负责人审核签字，报总监理工程师审核签字，报建设单位备案。围堰处于通航水域时，专项施工方案必须经港航、海事部门同意。水深超过8m（含8m）的围堰工程，还必须组织专家论证、审查。专家论证、审查前，对于水深超过10m的围堰工程，施工单位应根据自身技术力量自行或委托具备设计资质的单位对钢围堰进行专项设计。同时，还应经有相应设计资质的单位进行审核验算，出具书面审核验算报告。必要时可采用模型试验验证。

2）施工中若确因外部环境条件变化需调整专项施工方案的，应重新组织专家审查论证，并重新报总监理工程师审核后报建设单位备案。

3）应加强施工过程中的技术交底、施工组织管理和质量控制工作，严格执行相关规范和本指南的规定。严禁不经安全技术交底擅自组织施工。

4）钢围堰应按照设计及专项施工方案组织实施；钢围堰内部支撑应设置规范，不得碰撞、随意拆除、擅自削弱或在其上堆放重物。

5）围堰位于通航区域时，应采取标准反力型橡胶护舷，作为围堰的柔性导向设施。围堰侧壁不得随意驻泊施工船舶；排水和防汛措施应落实到位。

6）围堰高度应高出施工期间可能出现的最高水位（包括浪高）0.5～0.7m。围堰内抽水施工时工作水头不得超过允许值。

7）应有效开展监测和预警，工况发生变化时应及时采取措施。

8 沉井施工应满足以下一般要求：

1）沉井下沉前应对周边的建（构）筑物和施工设备采取有效的防护措施。下沉过程中，应对邻近建（构）筑物、地下管线进行监测，发现异常应停止作业，并采取相应措施。

2）施工过程中应安排专人观察现场情况，发现涌水、涌沙时，井内作业人员应及时撤离。

4.2.2 施工要点

1 基坑开挖应满足以下要求：

1）应根据地面高程、开挖深度、结构物尺寸、边坡坡度等因素确定开挖范围，并放样开挖轮廓线。

2）开挖时现场应有专人指挥，应边开挖边检查坡度和坑壁安全，发现边坡渗水应立即处理。

3）弱风化岩层基底若呈倾斜形状，应凿成不小于0.3m的台阶，在靠近基底0.3m处开挖需要放炮时,应采用松动爆破,保证基底地质不受扰动。

4)在土质松软层进行基坑开挖前应先进行支护。深基坑开挖时应进行基坑支护变形监测,坑底最后0.3m应采用人工开挖或采用小型机械开挖。

2　基坑排水应满足以下要求:

1)基坑开挖前应先勘测地下水位,并应根据坑底高程及土质情况确定是否需要井点降水,若需井点降水,宜在开挖前先降水,待基坑回填完成后停止降水。

2)基坑开挖前应在坑顶护坡道外设截水沟和排水沟,截水沟应有防渗措施。

3)基坑开挖完成后,在基坑底基础0.5~1.0m外应留有排水沟和集水井,采用水泵将渗水排出基坑,水泵的排水能力宜为总渗水量的1.5~2.0倍。

3　基坑检测与验收应满足以下要求:

1)开挖至设计高程后应及时检测基底高程和承载力,若承载力达不到设计要求,应根据事先制定的处置预案进行处理,再及时施工垫层。若出现超挖,则应将松动部分清除,并对基底进行处理。

2)基坑回填必须在隐蔽工程验收合格后及时进行。基坑回填应对称分层填筑、分层压实,分层厚度不大于0.5m。回填后,及时进行地面整形及生态恢复。

4　土石围堰施工应满足以下要求:

1)填土应自上游开始至下游合龙,填筑的围堰应具有90%以上的密实度,且满足一定的承载能力。必要时可在土体范围内注入水泥浆,防止透水。

2)围堰沉降稳定后方可进行基坑排水,排水时应控制水位降速。

5　钢管(板)桩围堰施工应满足以下要求:

1)接长的钢板桩,其相邻两钢板桩的接头位置应上下错开。

2)在围堰施工的不同阶段,应对围堰的位移和应力进行跟踪监测。

3)施打前应对钢板桩锁口用防水材料捻缝,以防漏水。

4)施打顺序应从上游向下游合龙。应随着土方开挖或排水深度逐层安装围囹或内支撑,内支撑数量和焊接质量必须符合设计和规范要求。

6　钢套箱围堰(图4.2.2-1)施工应满足以下要求:

图4.2.2-1　钢套箱围堰

1)无底套箱下沉就位前,应利用灌注桩、钢管桩等调整位置,保证精确就位。就位后应立即设置锚固定位系统,确保套箱保持稳定(图4.2.2-2)。

2)有底套箱封底混凝土施工前,应对套箱侧壁底部和钢护筒壁(或桩身)进行清理,避免形成夹层漏水。

3)封底混凝土达到设计规定的强度或设计强度的80%及以上时方可抽水,同时对套箱四角及原施工平台应进行沉降观测,对套箱的变形进行监测。

a)底板安装

b)壁板安装

c)整体下放

d)套箱就位

图 4.2.2-2 无底套箱

7 双壁钢围堰(图 4.2.2-3)施工应满足以下要求:

1)双壁钢围堰拼焊后应进行焊接质量检验和水密试验。

2)双壁钢围堰浮运、吊装应制定专项施工方案。

3)钢围堰接高和下沉作业过程中,应采取保持围堰稳定的措施。悬浮状态不得接高作业。

图 4.2.2-3 双壁钢围堰

8 沉井施工应满足以下要求:

1)制作沉井的岛面、平台面和开挖基坑施工的坑底高程,应比施工最高水位(包括波浪影响)高出 0.5 ~0.7m。

2)在支垫上立模制作沉井时,支垫布置应满足设计要求且抽垫方便。

3)制作沉井时应同步完成直爬梯或梯道预埋件的安设,各井室内应悬挂钢梯和安全绳。

4)各类浮式沉井在下水、浮运前,均应进行水密性检查,底节还应根据其工作压力进行水压试验,合格后方可下水。

5)在沉井浮运、定位的任何时间内,露出水面的高度均不应小于 1.5m,并应考虑预留防浪高度或设置防浪措施。

6)下沉沉井时应随时注意正位,保持竖直下沉,至少每下沉1m检查一次。

7)沉井接高时应停止沉井内取土作业;倾斜的沉井不得接高。水中沉井在水上接高时,井顶露出水面应不小于1.5m;陆上沉井在地面接高时,井顶露出地面应不小于0.5m。接高前不得将刃脚掏空,接高加重应均匀、对称地进行。

9　垫层浇筑及破桩头施工应满足以下要求:

1)基坑经人工整理、坑底排水设施完成后应立即浇筑垫层混凝土,垫层混凝土强度等级及厚度应满足设计要求,设计无要求时宜采用C15混凝土,厚度100mm以上。

2)桩头处理工艺参照本指南4.1.2。

10　基础钢筋的绑扎、模板支立及混凝土浇筑与养生应符合以下要求:

1)应根据测量边线在垫层上弹线,标出主筋的位置,绑扎焊接基础钢筋。

2)基础混凝土的浇筑应采用大块钢模,严禁使用土模。承台混凝土形成强度后应对墩柱(台身)范围内的混凝土表面进行凿毛,其余部分顶面应抹平压光。

3)大体积混凝土施工详见本指南3.3.13。承台等大体积混凝土宜优化设计浇筑顺序及振捣点(图4.2.2-4),表面可采用铺设玻璃纤维网格布等方式防裂(图4.2.2-5)。

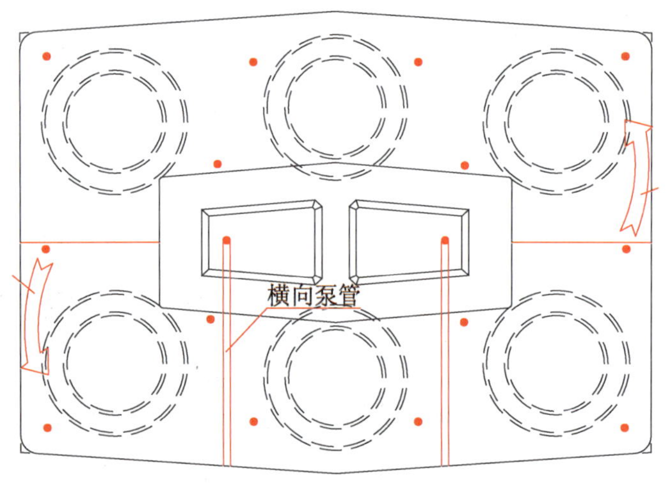

a)混凝土布料

b)固定振捣点

图4.2.2-4　承台混凝土定点布料与定点振捣

a)玻璃纤维网格铺设

b)应用效果

图4.2.2-5　混凝土表面玻璃纤维网格布防裂技术

4) 混凝土浇筑完成后,应根据气温情况和内外温差监控结果实施保湿、保温养生措施。

4.2.3 质量控制

1 基坑挖至设计高程后,应立即对基底尺寸、高程及扩大基础基底承载力等进行报验,并应及时进行扩大基础或承台的施工,防止基坑长时间暴露、被水浸泡或扰动。基坑底(包括基础外围的土体)的风化岩层应用混凝土封闭,防止其在基础施工前继续风化。

2 土质基坑基础底面高程误差应控制在 ±50mm 范围内;石质基坑基础底面高程误差应控制在 −200 ~ +50mm 范围内。

3 基坑平面轴线位置的偏差不得超过规范要求,坑底四周每边距结构物应大于0.5m 以上。

4 伸入承台的墩柱(台身)钢筋应准确预埋到位,若为桩柱直接连接方式,破除桩头后应保证桩柱钢筋连接质量。在与立柱钢筋连接前,先将桩头钢筋调直。接柱模板的底部应密封,防止漏浆。

4.2.4 安全环保

1 基坑施工光线不足时,应设置足够照明。

2 机械开挖基坑时,要按规定的边坡坡度分层下挖,严禁局部深挖和掏洞开挖,且基坑内不得留有人员。

3 基坑附近有管网或其他结构物时,应有可靠的防护措施。

4 基坑开挖遇有流沙通水及边坡失稳时,应立即撤离,待处理措施有效后方可继续作业。

5 临近建筑物降水开挖基坑时,应随时观测建筑物及基坑变化数据。根据需要,适时采取稳定可靠的措施。

6 深基础(深基坑)、深水基础的施工,应制定专项安全方案。

7 开挖的基坑深度超过 2m 时,在基坑边缘不小于 1m 处设置钢管护栏,护栏高度不小于 1.2m,刷红白或者黄黑双色漆,并挂设密目式安全网,设置挡脚板。边缘应设置防护栏杆,作业人员上下应设置专用通道。围堰内外应设置安全可靠的上下扶梯及栏杆、工作通道及平台、安全警示标志,配备足够的消防、救生器材。

8 陆域扩大基础及承台回填前应做好临边防护,并进行边坡稳定性观测,水中承台施工做好临边防护及水上作业防护。

9 基坑及围堰抽水过程中应安排专人随时检查土层变化、支撑结构受力与变形状况。

10 施工车辆运输外弃渣土、建筑垃圾时,应采取封闭、覆盖措施。开挖基坑所产生的弃土应妥善处理,不得阻塞河道、影响泄洪以及污染环境。

11 基坑及围堰支撑拆除时,应按现场技术负责人指导顺序进行,严禁作业人员站在正在拆除的支撑体系上操作。

12　围堰施工还应满足以下安全环保要求：

1)筑岛围堰宜采用板桩挡土围堰,并随时检查挡板、板桩等设施稳定情况,遇有流沙、涌泥或支撑变形等危及作业人员安全时,应立即撤离并及时采取应对措施。

2)钢板(管)桩起吊前应拴好溜绳,防止起吊后急剧摆动。严禁将吊具系在钢板桩夹具上或捆绑在钢板桩上吊装。

3)套箱围堰利用拖船牵引出运的应按航道、水务等部门意见执行。采用沉浮式双壁钢套箱,吸水下沉或排水上浮时,必须对称均衡进行,防止出现倾覆。

4)采用吸泥船吹沙筑岛,作业人员应穿救生衣,备有急救船,作业区域严禁船舶和无关人员进入,作业人员不得在承载吸泥管道的浮筒上行走。

5)围堰施工期间遇有洪水时,应立即撤出作业人员。

6)围堰处于通航区域时,围堰安装和拆除应划出安全水域范围,并设置警戒标志,专人看守;水上施工区域应设置航标灯、夜间警示灯等助航设施,防止发生船撞事故。

7)水中围堰内的开挖土方应外运至指定区域,不得随意排入水体。基础施工完成后,应尽快将围堰拆除,围堰底和周边土方应消除干净,恢复河床原貌。

8)遇六级及以上大风、雷电、大雨、洪水、大浪、大雾等恶劣气候时,严禁进行围堰安装和拆除作业。

9)围堰及其平台不得作为施工人员居住和生活的场所。

5 下部构造

5.1 墩柱

5.1.1 一般规定

1 本节内容适用于桥梁圆柱墩、方形墩的墩柱。运输条件良好的，也可采用装配式桥墩（图 5.1.1）。

2 施工前应完成墩柱、盖梁的施工技术文件和施工方案编制并经审核批准。

3 施工技术人员与工人已全部到位，并进行技术交底，明确质量、安全、工期、环保等要求；钢筋、水泥、砂、碎石等材料均已到场并通过检验。

4 桥梁基础已检测完成并符合有关要求。桥墩、盖梁的测量放样应已完成，精度满足规范要求。

5 施工前应完成场地平整，清除杂物，起重机就位处应平整压实。

a)墩柱预制

b)现场吊装

图 5.1.1 装配式桥墩

5.1.2 施工要点

1 墩柱模板应采用定型钢模，墩柱模板在设计时面板厚度不宜小于 6mm。方形墩模板的竖向拼缝应避免设在转角处，可加工成带转角的定型模板。模板制作完成后，应进行试拼装，检查模板的刚度、平整度、接缝密合性及结构尺寸等。

2 墩柱模板宜采用无拉杆模板。如采用拉杆固定，拉杆直径不宜小于 14mm，外侧套 PVC 管。

3 桥墩高度小于或等于 10m 时可整体浇筑施工；高度超过 10m 时，可分节段施工。

下一节段施工时,已浇节段的混凝土强度应不低于 2.5MPa。各节段之间浇筑混凝土的间歇期宜控制在 7d 以内。

4　对模板承垫的底部应预先采用水泥砂浆设置找平层,但找平层不得侵占立柱实体。

5　钢筋保护层厚控制应使用圆饼形高强度砂浆垫块(5.1.2-1),浇筑混凝土前应对钢筋保护层厚度进行检查(图 5.1.2-2、图 5.1.2-3),在钢筋加工厂内安装完成,不得在施工现场安装,钢筋笼运输和吊装过程中应注意保护层垫块不受挤压造成破碎。模板顶面应采用有效措施严格控制钢筋平面位置。对于圆柱墩应检查钢筋笼是否对中并采用点焊等措施予以固定。

图 5.1.2-1　卡扣式圆饼形高强度砂浆垫块

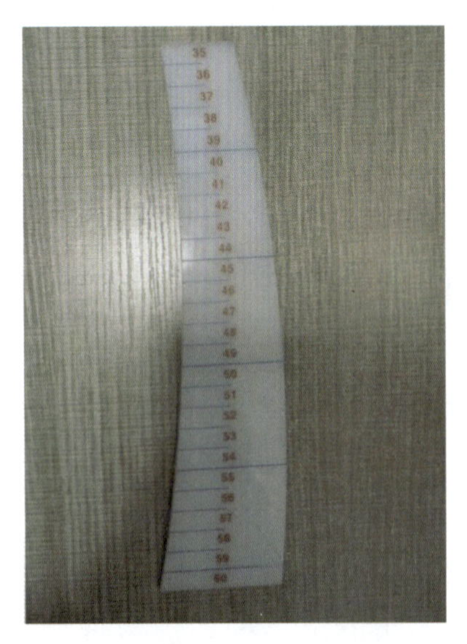

图 5.1.2-2　弧形检测板(数值为保护层上下限)　　图 5.1.2-3　钢筋笼保护层检测

6　浇筑混凝土时,串筒的布置应便于混凝土的摊铺和振捣,并明确划分工作区域。

7　模板的拆除应满足以下要求:

1)拆模不宜过早,应尽量安排在升温时段进行。在低温、干燥或大风环境下拆除模板时,应采取必要的措施防止混凝土表面产生裂缝。

2)分散拆除墩柱模板时,应自上而下、分层拆除。

8 其他相关要求参照相关章节执行。

5.1.3 质量控制

1 在模板安装前,应在基础顶面放出桥墩的轴线及边缘线;模板安装的平面位置和垂直度应严格控制。

2 桥墩施工前应对基础顶面的混凝土进行凿毛并将表面的松散层、石屑等清理干净;对分节段施工的桥墩,其接缝也应做相同的凿毛和清洁处理(图5.1.3)。

图5.1.3 混凝土凿毛工艺

3 应尽量缩短首节桥墩墩身与承台之间浇筑混凝土的间隔时间,间歇期不宜大于10d。当不能满足间歇期要求时,应采取有效措施防止墩、台身混凝土开裂。

4 混凝土表面不得出现裂缝,无蜂窝、麻面,水气泡少,表面应平整、密实、光洁;混凝土表面的色泽应均匀一致,无成片花纹;模板接缝或施工缝无错台,不漏浆,接缝数量应尽可能少。

5 圆柱墩模板应采用高强度螺栓连接,混凝土浇筑前应检查每个螺栓连接是否牢固。

6 应采取有效措施防止水泥浆、锈水污染已完成的墩柱。

7 施工过程中应避免物品吊装时碰撞成品墩柱。

5.1.4 安全环保

1 下部构造施工前必须搭好盘扣支架和作业平台(图5.1.4-1),盘扣支架和作业平台应搭设牢固,不得与模板及其支撑体系连接,经验收合格后挂牌使用。

2 墩台编号应满足以下要求:

1)每个墩台施工完成后应及时沿里程前进方向连续编号,并在靠便道一侧的墩、台身上进行标注。

2)下部构造施工宜采用“二维码”信息化管理技术(图5.1.4-2),录入桥梁名称、墩台号、里程桩号、结构物尺寸、现场监理工程师、施工负责人等资料。

图 5.1.4-1　墩柱施工

图 5.1.4-2　墩柱二维码

3　支架和作业平台在使用期间应经常检查、维护,保持完好,严禁擅自拆除架体杆件和连接件。支架和作业平台上堆放的物品不得超过设计荷载。

4　钢筋骨架可厂内加工拼装后于施工现场整体吊装,并做好钢筋保护(图 5.1.4-3)。当安装完毕的墩身钢筋总高度超过 9m 时,应安装风缆使其保持稳定,风缆可设在钢筋骨架内部;墩柱模板安装就位时,若立柱高度大于 10m 应加 4 根缆风绳将墩柱模板拉紧。

5　脚手架搭设和拆除的其他要求可参照本指南第 3 章支架部分相关内容。

6　高空作业应满足以下要求:

1)应配置防护栏网栏杆或其他安全设施(图 5.1.4-4),作业人员应佩戴安全帽、安全带等防护用品。

2)高空作业所用工具材料严禁投掷,上下主体交叉作业中间应设置隔离设施。

图 5.1.4-3 墩身钢筋吊装及墩顶钢筋保护

图 5.1.4-4 桥墩梯笼及临边防护

3)从事高空作业人员应接受高空作业安全知识教育;特殊高空作业人员应持证上岗,上岗前应依据有关规定进行专门的安全技术交底。采用新工艺、新技术、新材料和新设备的,应按规定对作业人员进行相关安全技术教育。

4)凡是进行高空作业施工的,应使用盘扣支架搭设平台,应采用定制的装配式爬梯和防护围栏,挡脚板、安全带、安全网等应配置齐全,作业前应督促施工单位认真检查所用的安全设施是否牢固可靠。

5)雨天和雪天进行高空行走时,应采用可靠的防滑、防寒和防冻措施。对有高空作业的高耸建筑物,事先应设置避雷设施。遇有六级以上强风、浓雾等恶劣气候,不得进行露天攀登和悬空高处作业。台风暴雨等恶劣天气后,应对高空作业安全设施逐一加以检查,发现有松动变形、有损或脱落等现象应立即修理完善。

6)防护棚搭拆除时,应设立警戒区并派专人监护,严禁上下同时拆除。

7)高空作业所用材料应堆放平稳,工具随手放入工具袋(套)内,上下传递物件禁止抛掷。

8)高空作业时地面和高空应配备对讲机等通信装置,并指定专人负责。

5.2　盖梁

5.2.1　一般规定

1　本节内容适用于现浇盖梁及系梁施工。

2　对在陆地上离地面不高的现浇盖梁,如土质条件较好,对地基采取相应措施处理后,可采用满堂支架;位于水中现浇盖梁施工可利用桩基、系梁及立柱搭设的水上操作平台,需对其稳定性和沉降量进行验算。

3　施工前应熟悉施工图文件,结合施工现场实际情况,通过计算确定采用落地支架、抱箍等施工方式。施工前应编制施工方案。

5.2.2　施工要点

1　采用落地支架方式施工的(图5.2.2-1),参照相关章节执行。

图5.2.2-1　落地支架法

2　采用抱箍方式施工的(图5.2.2-2),应进行专门设计计算,其施工应符合下列规定:

1)采用抱箍施工应配备“扭力扳手”,抱箍安装时应按计算扭力拧紧螺栓,然后放置工字钢或其他横梁。

2)抱箍应进行承载能力试验,并应全断面内衬土工布或橡胶皮,增加抱箍与柱间的摩擦力,防止抱箍滑移和在立柱上留下痕迹。

3)抱箍安装时,立柱的强度应达到设计强度的100%,抱箍安装好后,应在抱箍的下方做好标记,并应在抱箍承受荷载后观测其是否下沉。确认抱箍没有移动后,方可浇筑混凝土。在浇筑混凝土过程中应安排专人随时观测抱箍是否沉降。

3　采用“穿心棒”法施工的(图5.2.2-3),其施工应符合下列规定:

1)应根据支架体系的高度反算出穿心棒的位置,在墩柱施工时做好预埋预留。

2)穿心棒尺寸应经过计算确定,销轴进场后应进行材料检测。

图 5.2.2-2 抱箍法

图 5.2.2-3 穿心棒法

3)穿心棒安装时,立柱的强度应达到设计强度的 100% 。

4)严禁在穿心棒上直接设置千斤顶,应在穿心棒上设置横向分配梁,在分配梁上设置千斤顶,千斤顶上方设置施工所用承重分配梁。

5)盖梁施工完成穿心棒拆除后,应及时用与模板同强度等级的细石混凝土进行封堵并捣实。

4 底模制作与安装应满足以下要求:

1)盖梁模板应采用定型钢模,刷专用脱模剂。

2)模板的挠度应不超过模板跨度的 1/400,钢模板面板的变形应不超过 1.5mm。

3)模板使用前需进行预拼、编号,预拼时模板拼缝涂密实、涂平整(拼缝控制在 1mm 以内),检查满足规范要求后再投入使用。

4)在吊装模板时应设缆溜绳,应防止模板与钢筋碰撞、摆动等。

5)底模支撑宜采用砂筒、自锁式液压千斤顶等工艺,严禁采用无保险装置的液压千斤顶做支撑。

6)对模板与立柱的贴合处,应采取有效措施防止漏浆;应根据测量高程对墩顶进行凿毛处理,凿毛时应力求立柱混凝土深入盖梁 50mm。

5 钢筋加工与安装

1)应先在底模上按梅花形摆放高强度砂浆垫块,并根据测量放样的桩中心点放出钢筋骨架就位的位置。

2)钢筋骨架宜采用整体吊装,应在钢筋加工厂严格按图纸和设计要求下料,并在台座上绑扎成型,安装时应采用多点吊装方法,防止盖梁钢筋骨架在吊装时变形。骨架的就位应准确,如有偏差应及时调整。

3)宜采用缠扣绑扎箍筋,箍筋与主筋、水平筋应垂直,接触应紧密,箍筋转角处与主筋的交点均应绑扎,主筋与箍筋非转角部分的相交点可呈梅花形交错绑扎。

4)应按照设计图纸的要求施工耳背墙、防震挡块、支座垫石等预埋件,施工中应严格控制盖梁预埋件的位置和高程。

6　侧模的制作、安装应满足以下要求:

1)钢模板面板的厚度不宜小于6mm,肋板设计应使模板具有足够的刚度。

2)侧模宜整体吊装,侧模接缝处、侧模与底模接缝处应采取止浆措施,且宜采用对拉杆使模板就位,拉杆应有足够的强度和刚度;拉杆和模板内支撑应设置在同一平面,通过内外支撑对模板进行调整、对中、加固,使其稳固。

3)端头模板和侧面模板应牢固连接,并应采取支撑、加固等措施,防止跑模、漏浆。

7　混凝土浇筑、养生按本指南相关规定执行。

5.2.3　质量控制

1　采用落地支架做支撑时,地基基础处理应符合支架设计要求,支架处的基础应排水良好、不积水;采用抱箍做支撑时,抱箍的螺栓应拧紧。

2　混凝土浇筑前,应将模板内的杂物和已浇筑立柱顶面清理干净,应对支架、模板、钢筋和预埋件进行检查并做好记录,符合要求后方可进行浇筑。

3　吊装模板时应避免模板与钢筋骨架产生碰撞而发生变形。

4　混凝土表面应平整光滑,施工缝平顺,接缝饱满无空洞、均匀整齐,不得有蜂窝、麻面和露筋,外露面色泽一致。

5　钢筋保护层厚度应满足设计图纸要求,钢筋保护层垫块与结构混凝土同强度等级,并符合耐久性要求。

5.2.4　安全环保

1　墩台施工达到20m以上,或高度不足20m但在郊区或平原区施工或附近无高大建筑物提供防雷保护时,在雷雨季节应设置防雷电设施,避雷系统未完善前不得开工。

2　盖梁、系梁施工前必须搭好安全爬梯及作业平台,搭设方案应经监理工程师批准,验收合格后挂牌使用。安全爬梯和作业平台上堆放的物品不得超过设计荷载。

3　安全爬梯应采用装配式爬梯,每2~3层与墩柱连接固定,进口应上锁,悬挂安全标识标牌,非施工人员禁止入内。爬梯基础应进行硬化,预埋螺栓并与爬梯固定牢靠。

4　作业平台应配置防护栏网栏杆或其他安全设施,作业人员应佩戴安全帽、安全带等防护用品。高空作业所用工具材料严禁投掷,上下主体交叉作业中间设置隔离设施。

5.3 桥台

5.3.1 一般规定

1 施工前应熟悉施工图文件,结合施工现场实际情况,编制施工方案并报监理工程师审核批准。

2 位于软土地基的桥台,应先按设计进行软土地基处理并保证台前软土地基处理的质量。

3 台背开挖挖至能满足工作面要求即可,应避免较大的开挖量和回填量。

4 条件允许时,柱式桥台宜采用先填后挖的方式进行施工。

5 当背墙会影响到梁体预应力的施工时,背墙混凝土应在预应力施工完成后再浇筑。施工前应计算背墙高程,防止主梁与背墙错台影响伸缩缝安施工。桥面纵坡较大的,背墙宜垂直于纵坡,即通过背墙前后倾调整使其与梁端平行,防止主梁与背墙顶死、伸缩缝高差过大。

6 桥台施工前应进行地基承载力检测,检测不合格时应及时与设计联系,再按设计要求进行处理。

5.3.2 施工要点

1 肋板式桥台或柱式桥台间的填土应对称进行(图 5.3.2),填土施工未完成不得进行台帽和上部构造的施工。柱式桥台的台后填土应控制填筑的速率。

图 5.3.2 台背回填刻线

2 沉降缝预埋断缝板的外露部分应剔除,沉降缝可采用沥青麻絮填塞;填缝应填满抹平,规整、顺直、无翘边、变形,且不得污染墙身。

3 桥台背墙顶面伸缩装置的预埋钢筋高度和间距等应严格按设计文件执行;桥台侧(耳)墙防撞护栏钢筋的预埋位置准确。

4 桥台背墙支座侧墙面的垂直度应根据桥梁纵坡设置,确保梁片架设后伸缩缝预留宽度符合设计要求。

5 其他事项参照本指南相关章节执行。

5.3.3　质量控制

1　桥台在施工前应在基础顶面测量放样出台身的纵横向轴线和内外轮廓线，其平面位置应准确。沉降缝自上而下竖直方向应严格对齐，从上到下保持通缝，并应控制好垂直度和缝宽。

2　钢筋保护层垫块使用不低于桥台混凝土强度的圆饼形垫块，其垫块布置的数量应不少于 4 个/m^2，且分散布置。

3　桥台回填施工时，应在台身划上间隔 200mm 的分层厚度线，施工时严格分层填筑并保证压实。台背 1.0m 以内应使用小型振动机械压实，不得使用重型振动压路机碾压，施工时应注意防止压路机碰撞肋板或耳墙。应设专人负责监督检查，检查频率应每 50m^2 检验一点，不足 50m^2 时应至少检验一点，每点均应合格。台背填土的压实度应不小于 96%(图 5.3.3)。

图 5.3.3　台背回填采用液压强夯

4　台背回填应在桥台强度达到设计强度的 100% 后实施，桥涵台背和锥坡的填料应符合设计规定。设计未规定时，宜采用天然砂砾、二灰土、水泥稳定土或粉煤灰等轻质透水性材料，不得采用含有泥草、腐殖质或冻块的土。

5　锥坡填土应与台背填土同时进行，并应按设计宽度一次填足。

5.3.4　安全环保

1　当开挖影响邻近建(构)筑物或临时设施时，应采取安全防护措施。

2　开挖过程中应监测边坡的稳定性、支护结构的位移和应力、围堰及邻近建(构)筑物的沉降与位移、地下水位变化、基底隆起等项目。

3　爆破开挖宜采用浅眼松动爆破法，爆破作业应符合现行《爆破安全规程》(GB 6722)的规定。

4　开挖影响既有道路车辆通行时，应制定交通组织方案。

5　深基坑安全防护参照本指南相关章节要求。

5.4　高墩

5.4.1　一般规定

1　高墩施工前应编制专项施工方案，并组织专家论证，经监理工程师审批后方可实施。

2　当墩高超过40m时，应选用塔式起重机作为材料垂直提升设备(图5.4.1-1)；当墩高超过40m时，应设置施工电梯作为工作人员上下的垂直运输设备(图5.4.1-2)。

图5.4.1-1　高墩施工塔式起重机

图5.4.1-2　高墩施工电梯

3　高墩宜采用液压滑升模板法、爬升模板法和翻模法等工法施工。采用滑模法施工的应同时具备以下条件，并经监理工程师审核同意后方可实施：

1)应为专业的施工班组(50%以上工人施工过类似工程)。

2)施工单位具有三个以上项目施工和管理经验。

4　模板应具有模数化、通用性，拼缝严密，上下层模板接缝严密平整，具有装拆方便的特点和足够的强度、刚度和稳定性。

5　混凝土索塔的施工应另行编制专项施工方案，质量控制可参考本指南相关内容执行。

5.4.2　施工要点

1　爬模施工应满足以下要求：

1)爬架拼装前应检查锚锥、精轧螺纹钢筋、锚锥定位板之间的连接配套是否满足要求。

2)外模应采用大块模板，内模宜采用钢模或组合钢模。模板安装前进行除锈、清理，并应涂同一品种脱模剂。模板拼装时，按预拼顺序号逐块连接，形成框架后临时固定，采用液压千斤顶微调，严禁强拉硬顶导致模板变形。

3)每次模板安装前，应测放相应施工节段的模板底高程和墩身平面位置，同时对墩身的垂直度进行监测。

4)应按设计规范要求施工钢筋接头，同时准确放置各种预埋件。

5)混凝土应采用输送泵泵送入模，泵管由墩内串入，并不断接高。

6)混凝土灌注应对称分层进行，振捣时不得错动预埋件位置。待混凝土终凝后，应及时对混凝土表面进行凿毛处理。

7)爬模提升前检查模板是否全部脱离墙面，内外模板的拉杆螺栓是否全部抽掉。

8)在液压千斤顶或倒链提升过程中，模板顶面的高低差不得超过100mm；在提升过程中,应经常检查模板与脚手架之间有无钩挂现象,油泵是否处于工作状态。

9)模板提升好后,应立即校正与内模板固定,待有可靠的保证后方可使油泵回油松掉千斤顶或倒链。

10)爬架必须在混凝土达到所规定的强度后方可提升,提升时应有专人指挥,且必须满足下列要求:大模板的穿墙螺栓全部均未松动;每个爬架必须挂两个倒链(或一个千斤顶)提升;保险钢丝绳必须拴牢,并设专人检查无误;拆除爬架附墙螺栓前,倒链全部调整到工作状态,然后才能拆除附墙螺栓。

2　翻模施工应满足以下要求:

1)翻模装置系统和模板应进行专项设计,经批准后方可用于施工。

2)模板支撑系统应为独立的系统,不得与物料提升机、施工升降机、塔式起重机等起重设备钢结构架体机身、物料周转材料平台等架体及附着设施相连接。

3)翻升模板和滑动模板宜采用大面积钢模板。钢模板应拼缝严密、装拆灵活、安装方便。模板应能与混凝土结构或构件的特征、施工条件和浇筑方法相适应,应保证结构物各部位形状尺寸和相互位置的准确。

4)模板背面应设置主肋和次肋作为其支撑系统,主肋和次肋的布置应根据模板的荷载和刚度要求设计;对在墩柱转角处使用的模板及各种模板面的交接部分,应采用连接简便、结构牢固、易于拆除的专用模板。

5)空心桥墩内侧模板和外侧翻升模板高度宜采用2250mm(适合钢筋4500mm的倍数)。

6)墩柱外侧翻模应在混凝土抗压强度达到2.5MPa,且能保证其表面及棱角不致因拆模而受损坏时方可拆除。

7)在翻升过程中,应检查操作平台结构、支撑杆的工作状态及混凝土的凝结状态,发现异常时应及时分析原因并采取有效的处理措施。

8)在翻升过程中,应检查和记录结构垂直度、水平度、扭转及结构截面尺寸等偏差数值。在纠正结构垂直度偏差时,应徐缓进行,避免出现硬弯。

9)混凝土浇筑按本指南相关章节执行。

3　模板的拆除和保养应满足以下要求:

1)高墩施工完毕后,应使用塔式起重机从上往下分块拆除模板。

2)模板拆除后应吊至施工平台,并清除模板表面的杂物、冲洗、打磨及涂脱模剂或贴透水模板布。

3)液压爬模开模、爬升及合模应连续作业,合模之前应对模板表面进行清理并涂刷脱模剂。

4)液压爬模爬升前应解除架体和模板间的约束,模板爬升时应统一指挥,宜采取整体同步爬升,并做好相关的检查和记录。

5)液压爬模拆除时按照厂家的操作说明在厂家专业人员指导下依次拆除模板系统、电气系统、液压爬升系统及架体与操作平台系统,并分类堆放在仓库。

4　施工作业平台应满足以下要求:

1)在模板外侧应设置带防护栏杆的施工平台,栏杆外侧至模板底部应设置封闭的安全网。施工平台应呈环形,满铺木板。应在固定位置设置人孔供人员上下,作业平台上严禁堆放钢筋、大型机具等重物,人员上下应采用施工电梯或装配式爬梯。

2)液压爬模的施工作业平台应包括上操作平台、下操作平台和修饰平台,平台应满铺木板,栏杆高度不少于1.2m,应设置平台兜底安全网,在栏杆四周应设置安全网及踢脚板。

5.4.3　质量控制

1　钢筋安装时应重点控制受力钢筋接头的质量和钢筋骨架的垂直度(或坡度)和保护层厚度;混凝土应重点控制其配合比及和易性。

2　施工时应采取以下措施避免空心墩的墩底及过渡段高度内出现开裂:

1)应缩短墩身与基础(或承台)之间浇筑混凝土的间隔时间,间歇期不宜大于10d。

2)采用泵送混凝土浇筑施工时,底节的混凝土配合比应予以调整,减少混凝土的收缩和水化热影响。

3　翻模装置应在安装完成后,由建设单位组织施工单位、监理单位及相关人员进行验收。

4　监控测量应满足以下要求:

1)对分节段施工的墩身,其首节模板安装的平面位置和垂直度应严格控制。空心墩应采用全站仪进行定位控制测量,并应随时进行高差修正。

2)模板每提升一节,应对模板的位置检查一次。每循环9m宜采用全站仪与垂直度仪校核一次,对于垂直度超出允许误差的节段应进行调整。

3)对线形进行监控应做到四定原则:定人、定仪器、定时、定点,减少外界因素对测量结果的影响。

5.4.4　安全环保

1　每个高墩应设置封闭作业区,派专人对作业区的人员进行安全监督,作业区内应设置警示牌。

2　每个高墩应使用单独的专用配电箱,平台上振动器、电动机等应有相应接地装置,作业面应配置灭火器材。

3　塔式起重机等高空作业的大型设备应安装避雷设施。吊装作业时,应有专人指挥。应定期对塔式起重机、吊装辅助工具、电梯和装配式爬梯进行检查、维护。

4　爬架提升前应由专人检查所有锚固是否完全解除,提升过程中应随时观察上升路径上是否有障碍物,必要时可以采取分片对称提升。收坡应在提升结束后进行。爬架就位后必须立即锚固,并有专人检查,确认完全锚固后方可进行下一道工序。

5　高空作业所用爬梯不得缺档和垫高,同一架爬梯不得二人同时上下,在通道(或平台)处使用的梯子应设置围栏。

6　高墩施工时,应在墩身内外侧模板以下沿墩壁混凝土各安装一圈防落网,沿外侧模板背面的平台栏杆安装一圈安全网,其高度应使上下平台空间全部罩住,在模板边角处安全网应连接在一起,不留空当;墩内支架应在工作高度范围内,水平安装三层安全网。

7　运送人员和物件的各种升降机、吊笼,应有可靠的安全装置,严禁人员乘坐运送物件的吊篮。

8　液压爬模提升应安排专人进行,施工过程中应按操作规程要求对相关部位进行检查。

9　遇六级或六级以上的大风等恶劣气候时,应停止露天高空作业。

6　上部构造

6.1　预制梁预制

6.1.1　一般规定

1　本节适用于预制T梁、预制小箱梁及预制空心板梁的预制施工。预制桥面板施工可参照执行。

2　预制梁预制前应计算汇总“桥梁墩台信息统计汇总表”“T梁预制信息统计汇总表”“T梁伸缩缝端翼板调整表”和T梁预制信息卡(表6.1.1-1~表6.1.1-4)。

3　预制场建设已完成,具备梁片生产条件。预制场建设有关要求见“工地建设”分册相关章节。

4　应复核支座预埋钢板的位置及四角高程(即纵坡设置),复核预制梁模板的横坡,配备大三角尺以复核斜交梁的斜交角。

5　严格控制预制梁预埋件结构尺寸、平面位置、间距数量满足设计规范要求,对外露预埋钢筋做好防腐处理。

6　主梁预制、转运及安装应采取抗倾覆措施,架桥机不得采用后部配重过孔。

7　预应力混凝土施工详见本指南3.4。

6.1.2　施工要点

1　预制台座应满足以下要求:

1)自行式台座的相关要求见“工地建设”分册,未明确部分按照本节要求执行。普通梁场在设置台座时,可采用拼装式台座,台座预留槽口塞止浆条(图6.1.2-1)。

2)预制场底座及模板配置时,底座数量应根据梁板数量和工期确定,并有一定的富余度,宜按每个台座1.5片/月预制梁控制,其中智慧梁场1.0片/天。

3)预制梁台座间距应大于2倍模板宽度,以便吊装模板。在梁场空间受限的条件下,可采用“品”字形布置,可采用模板滑移技术,即液压开合模板一侧固定,一侧可不同类型模板纵向移动,通过模板的移动实现纵向自由组合(图6.1.2-2)。

4)预制梁的台座应采用适宜的材料和方式制作,底模顶面模板应采用厚度不小于6mm的钢板,2m内底座平整度小于等于2mm。有纵坡的桥梁预制台座,支座位置应设置可调支座坡度的活动底模(图6.1.2-3),以便调整支座纵坡。

5)台座在离预制梁两端各0.6~0.9m位置处改成活动式底板支撑,但不得侵占梁体,活动式底板支撑与台座同宽,长度0.15~0.2m。

表 6.1.1-1　××高速公路××标段桥梁墩台信息统计汇总表

建设单位：　　　　施工单位：

设计单位：　　　　监理单位：

1	2	3	4	5	6	7	8	9	10	11
桥梁名称	左/右幅	上部结构类型	孔数-孔径	起点台纵坡（%）	起点台前（后）倾（cm）	终点台纵坡（%）	终点台前(后)倾（cm）	伸缩缝位置/型号	平曲线半径/超高（%）	固结墩墩号
桥 1	左幅									
	右幅									
桥 2	左幅									
	右幅									
桥 *n*	左幅									
	右幅									

填写说明：

1. 纵坡往前进方向上表为正，下坡为负，向路线前进方向倾斜为前倾，相反为后倾，前后倾斜数据为 T 梁高加支座垫石加支座钢板等综合高度乘以对应这一跨纵坡。
2. 伸缩缝位置型号填写墩台号和伸缩缝型号。
3. 平曲线半径/超高填写此座桥所位于的最小半径和最大超高值。
4. 固结墩墩号填写对应墩号防治固结墩预埋筋错漏。

统计：　　　　复核：　　　　项目经理：　　　　年　　月　　日

表 6.1.1-2 ××高速公路××标段 T 梁预制信息统计汇总表

建设单位： 施工单位：

设计单位： 监理单位：

序号	桥名	左(右)幅	梁编号	梁长(m)	纵坡(%)	横坡(%)	预埋钢板长×宽×厚(mm)	备注
1								
2								
3								
4								
5								

填写说明：
1. 桥名写设计名字。
2. 分左右幅填写。
3. 梁长、横坡、纵坡查图填设计值。
4. 预埋钢板按起点端和终点端分别填写，尤其注意根据纵坡调整预埋钢板安装坡度和角度。

统计： 复核： 项目经理： 年 月 日

表 6.1.1-3　××高速公路××标段 T 梁伸缩缝端翼板调整表

建设单位:　　　　　　　　　　　　　　　　　　施工单位:

设计单位:　　　　　　　　　　　　　　　　　　监理单位:

<table>
<tr><th>桥名</th><th colspan="2">部位</th><th colspan="4">T 梁(mm)</th><th>α(°)</th><th>翼板调整角度(度)</th><th>偏差值(mm)</th><th>备注</th></tr>
<tr><td rowspan="14">××大桥</td><td rowspan="7">左幅</td><td rowspan="14">第×跨(前或后)</td><td rowspan="14">分离式/整体式</td><td rowspan="2">(梁片编号)
*-1</td><td>距梁中心线</td><td>边梁外侧宽</td><td rowspan="2"></td><td rowspan="2"></td><td></td><td rowspan="14"></td></tr>
<tr><td>距梁中心线</td><td>边梁内侧宽</td><td></td></tr>
<tr><td rowspan="2">(梁片编号)
*-2</td><td>距梁中心线</td><td>梁宽度/2</td><td rowspan="2"></td><td rowspan="2"></td><td></td></tr>
<tr><td>距梁中心线</td><td>梁宽度/2</td><td></td></tr>
<tr><td>…</td><td colspan="2">…</td><td rowspan="2"></td><td rowspan="2"></td><td></td></tr>
<tr><td rowspan="2">(梁片编号)
*-n</td><td>距梁中心线</td><td>边梁内侧宽</td><td></td></tr>
<tr><td>距梁中心线</td><td>边梁外侧宽</td><td rowspan="2"></td><td rowspan="2"></td><td></td></tr>
<tr><td rowspan="7">右幅</td><td rowspan="2">(梁片编号)
*-1</td><td>距梁中心线</td><td>边梁外侧宽</td><td></td></tr>
<tr><td>距梁中心线</td><td>边梁内侧宽</td><td rowspan="2"></td><td rowspan="2"></td><td></td></tr>
<tr><td rowspan="2">(单片编号)
*-2</td><td>距梁中心线</td><td>梁宽度/2</td><td></td></tr>
<tr><td>距梁中心线</td><td>梁宽度/2</td><td rowspan="2"></td><td rowspan="2"></td><td></td></tr>
<tr><td>…</td><td colspan="2">…</td><td></td></tr>
<tr><td rowspan="2">(梁片编号)
*-1</td><td>距梁中心线</td><td>边梁内侧宽</td><td rowspan="2"></td><td rowspan="2"></td><td></td></tr>
<tr><td>距梁中心线</td><td>边梁外侧宽</td><td></td></tr>
<tr><td colspan="11">填写说明:
1. 曲线段桥梁墩台为放射线布置,曲线段伸缩缝梁端有夹角,梁片预制时伸缩缝端必须调整为平行。
2. 偏差值中梁等于 tanα×(梁宽度/2),边梁边侧等于 tanα×边梁外侧宽,向前进方向调整为正,反之为负,以 T 梁肋板为中线左右侧调整伸缩缝端翼板,使之平行。</td></tr>
</table>

统计:　　　　　　复合:　　　　　　项目经理:　　　　　　　　　　　　年　　月　　日

表 6.1.1-4　T 梁预制信息卡

×××高速公路××标段 T 梁信息卡			
桥名		桥幅/梁编号	
梁长(cm)		预埋钢板 长×宽×厚(mm)	
纵坡(%)		横坡(%)	

注：纵坡乘以预埋钢板长度为钢板调整数值,保证架梁后预埋钢板水平。

图 6.1.2-1　可调支座坡度的活动底模

图 6.1.2-2　拼装式台座及燕尾式止浆条

图 6.1.2-3　模板滑移系统

6)预制梁台座两端必须进行基础加固,以满足梁板张拉起拱后两端基础的承载力要求,同时应在台座上设置沉降观测点进行监控。

7)施工单位和监理工程师应定期对台座进行复测检查,非软基区域的台座每3个月应复测1次,软基区域的台座每月应复测1次,并应建立观测数据档案,若发现异常时应及时处理。

2　模板应满足以下要求:

1)模板应符合本指南3.2规定,并按表3.2.3执行"模板准入制"。由施工单位填写预制梁模板审批表并上报总监办进行检查验收。液压模板相关要求见"工地建设"分册、《福建省高速公路混凝土预制梁智能建造指导意见》相关章节,未明确部分按照本节要求执行。

2)预制梁模板应采用标准化整体钢模(图6.1.2-4),钢板厚度不小于6mm,侧模长度一般比设计梁长1‰且不大于4mm,每套模板还应配备相应的锲块模板调节。预制箱梁及空心板梁芯模应使用定型钢模,不得使用气囊或其他材料制作的芯模(图6.1.2-5)。内模安装时要保证箱梁底板和腹板的厚度,内模顶面要设置限位装置。

图6.1.2-4　标准化整体钢模

图6.1.2-5　定型钢芯模

3)侧模加劲竖梁宽度应小于翼缘环形钢筋的设计净距,间距应根据翼缘钢筋间距设置,确保不影响翼缘环形钢筋安装。侧模顶部外侧应设置施工平台和上下爬梯(图6.1.2-6)。

图6.1.2-6　简易爬梯

4）有横坡变化的翼缘板模板应设置螺丝螺杆或通过调节两侧模板高度，确保能根据设计要求进行横坡调整，吊装后保持横坡平顺。曲线桥梁端头应采取活动模板调节梁长（图6.1.2-7）。

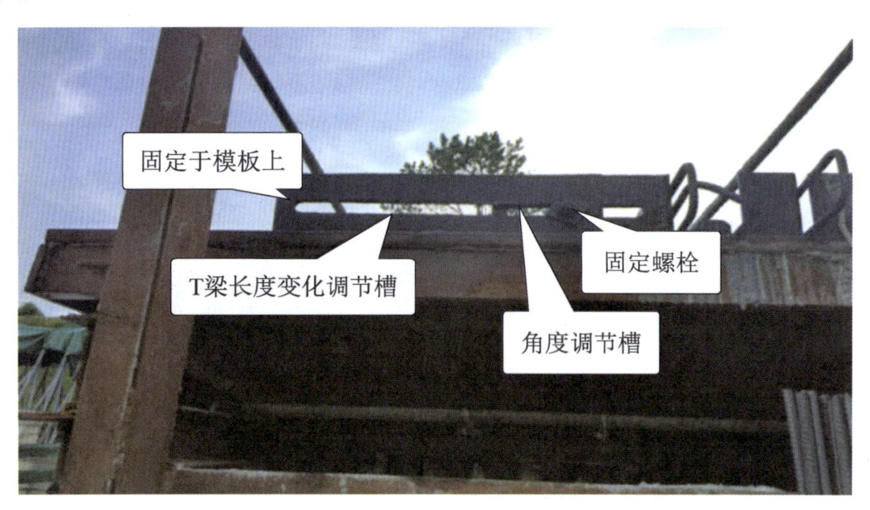

图6.1.2-7　曲线桥梁端长度调节措施

5）翼缘梳形模板厚度不得小于10mm，应设置加劲肋。对梳形板、预留孔洞、拼接缝等易漏浆部位应采取强力胶皮或橡胶棒填缝剂止浆等有效的堵浆措施。

6）横隔板底模不得与侧模连成一体，应采用独立的钢板底模（图6.1.2-8），保证在侧模拆除后，横隔板的底模仍能起支撑作用，在预应力钢绞线张拉后方能拆除。

7）横隔板端头模板应采用整体式模板。端部侧模、横隔板端头模板应严格按设计规定的钢筋位置、间距进行开槽和开孔。梁端模板或封锚混凝土应设置与纵坡一致的倾角，以使桥梁安装后梁端为铅直状态。

8）端模安装时注意与侧模连接处需贴上胶皮并锁紧螺栓防止漏浆。波纹管、钢筋预留孔应用泡沫塞紧，防止漏浆。端模安装好后，应仔细检查模内尺寸，注意梁体长度、宽度是否和设计一致，保证梁体长度和交角正确。

3　钢筋应满足以下要求：

1）钢筋应符合本指南3.1规定。

2）钢筋绑扎、安装时应准确定位，伸缩缝及防撞护栏预埋筋、翼缘环形钢筋、端部横向连接筋应采取辅助措施进行定位（图6.1.2-8和图6.1.2-9），宜采用点焊方式固定；横隔板和腹板水平钢筋应使用定位架安装，确保高低、间距、外露长度一致，符合设计要求。应采用胎膜化绑扎、整体安装（图6.1.2-10）。钢筋安装可采用穿筋机辅助安装（图6.1.2-11）。

3）T梁肋板或箱梁腹板钢筋的保护层垫块应采用圆饼形高强度砂浆垫块（图6.1.2-12）（具体标准要求详见本指南3.1），纵横向间距均不得大于0.8m，梁底位置不得大于0.5m，确保每平方米垫块数量不少于4块，宜分布于每根水平筋，其中变截面处宜加密。

图 6.1.2-8　独立的横隔板底模

图 6.1.2-9　翼板钢筋防浮措施

a) 翼板钢筋施工

b) 隔板钢筋施工

图 6.1.2-10　T 梁钢筋施工

图 6.1.2-11　穿筋机

图 6.1.2-12　保护层垫块安装

4)横隔板主筋应严格按设计高度安装,高度误差不得大于 10mm。

5)复核支座预埋钢板位置,U 形钢筋与支座预埋钢板焊接时采用夹具固定钢板焊接,或采用钻孔塞焊(图 6.1.2-13)。

4　预应力波纹管和锚垫板应满足以下要求:

1）预应力波纹管和锚垫板应符合本指南3.4规定，连接可采用热熔套管（图6.1.2-14）。

2）预留孔道位置应精确，孔道管固定处应注明坐标位置。T梁、箱梁等负弯矩钢筋可采用定位胎架绑扎（图6.1.2-15）。梁片养护期间禁止穿束，预应力孔道应采用橡胶塞封闭（图6.1.2-16）。穿束可采用可升降式钢绞线自动穿索、切割一体机（图6.1.2-17）。锚垫板与孔道轴线应垂直，钢绞线穿束前应进行编号（图6.1.2-18），防止预应力钢绞线相互缠绕，张拉前应采用套管防护，防止刮擦施工人员（图6.1.2-19）。

图6.1.2-13　支座预埋钢板

图6.1.2-14　预应力波纹管连接热熔套管

图6.1.2-15　负弯矩钢筋定位胎架

图 6.1.2-16　孔道橡胶塞封闭

图 6.1.2-17　可升降式钢绞线自动穿索、切割一体机

图 6.1.2-18　钢绞线穿束编号

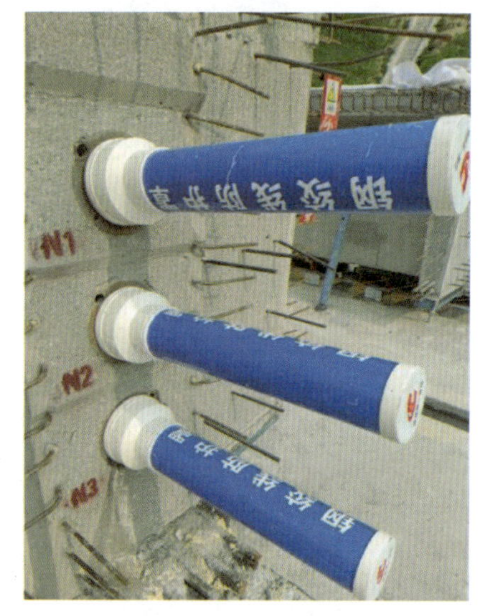

图 6.1.2-19　钢绞线穿束后保护措施

3)端部负弯矩预应力波纹管可采用塑料波纹管。塑料波纹管应符合现行《预应力混凝土桥梁用塑料波纹管》(JT/T 529)的规定;波纹管外露长度宜为 0.10～0.15m,浇筑混凝土时应穿入适宜的衬管,以保证不堵管;衬管抽出后,应穿入不小于外露长度 2 倍的衬管并稍予塞紧,以保证外露波纹管不受碰撞等产生损坏;波纹管接头必须采用标准"管节接头"并用专用"扁形卡箍"。

4)应按以下顺序施工负弯矩预应力:吊装后先接好负弯矩预应力波纹管→绑扎横向湿接头钢筋→浇捣横向湿接头混凝土→湿接头混凝土强度达到后才能穿负弯矩预应力钢绞线→张拉。不得先穿钢绞线再搭接波纹管。

5)每个预制梁场在第一片梁片张拉完成后,均应委托有资质的检测单位对其进行锚下应力状态检测,对张拉施工质量进行评价,并分析总结经验。在预制梁片生产过程中按比例随机抽取梁片进行锚下应力状态检测。

5 混凝土应满足以下要求：

1）混凝土应符合本指南3.4的规定。

2）预制T梁、小箱梁混凝土应视原材料情况掺配外加剂，梁肋、腹板混凝土应进行模拟试验，确认无气泡后再施工。

3）T梁浇筑前应利用横坡检测仪进行横坡度检查（图6.1.2-20），在封锚模板安装完成时、封锚混凝土浇筑完成后应进行梁端垂直度控制和检查（图6.1.2-21）。混凝土灌注应采用斜向分段、水平分层、一次灌注完成，特别要注意浇筑过程中，布料至腹板马蹄高度时必须立即振捣。预制小箱梁和空心板梁浇筑混凝土时应按底板、腹板、顶板顺序进行。模板边角以及振动器振动不到的地方应辅以插钎振捣。浇筑时宜设施工平台，无法设置鱼雷罐的宜对布料斗进行升级改造（图6.1.2-22），预制梁顶板应用平板振动器振捣，T梁浇筑完成后要进行顶面二次收面，然后待初凝后进行拉毛。

图6.1.2-20 横坡检查

图6.1.2-21 伸缩缝梁端铅垂面检测仪

图6.1.2-22 新型混凝土布料斗

4）要避免振动器碰撞预应力管道、预埋件、模板，对锚垫板后钢筋密集区应认真、细致振捣，确保锚下混凝土密实。

5）为保证小箱梁底板混凝土振捣质量，宜采用底板混凝土先浇筑，再安装芯模；若采用一次性浇筑，则混凝土应从一侧先浇筑，待混凝土流出另一侧时，再浇筑另一侧混凝土，并充分振捣，以保证底板混凝土质量。

6）梁片预制应制作同条件养生试块不少于3组，试块放置在梁片的顶板上，与该梁片同时、同条件养生。

7)湿接缝、横隔板部位拆模后应立即用专用凿毛机进行凿毛(图6.1.2-23),预制空心板梁铰缝区在拆模后应立即安排凿毛工作。

6　混凝土养生应符合本指南3.3.12的规定。

7　预应力张拉、压浆应符合本指南3.4的规定。

a)翼缘板免凿毛止浆带

b)人工凿毛

图6.1.2-23　T梁翼缘板、横隔板凿毛

8　梁片编号应满足以下要求:

1)预制完成后,应在各梁片上标注梁片号,在各梁片腹板侧面的大、小里程端部的一个侧面均进行标识,并牢固张贴信息卡和二维码,二维码格式参照“工程信息化管理”分册。同时喷涂标注表,标明桥名、编号、制作日期及施工单位和监理单位名称(图6.1.2-24)。

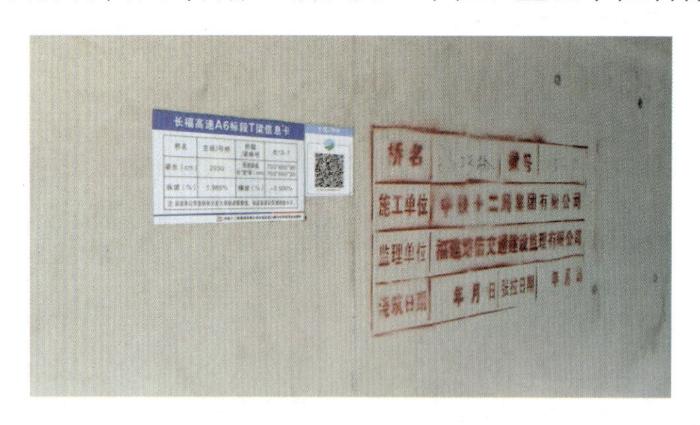

图6.1.2-24　梁片信息卡

2)编号标识规格宽度为900mm、高度为480mm(平均每行120mm),中文字体为印刷黑体,规格为50mm×80mm,采用红色油漆标注于梁片里程增长方向端外侧,见表6.1.2。

表6.1.2　梁片标注表

桥名	×××大(中、小)桥	梁号	左(右)×—×
施工单位			
监理单位			
浇筑日期	××××年×月×日	张拉日期	××××年×月×日

3)梁片编号沿路线里程增长方向按左、右幅分别从右侧向左侧第一片梁片编起,如第三跨左幅第1片梁:L3-1;右幅第3片梁:R3-3。编号规则同“工程信息化管理”分册。

9　移梁和存梁应满足以下要求:

1)梁体张拉压浆后,浆体达到设计要求强度后方可吊运。应采用专用起吊梁穿过台座吊装孔,在钢丝绳与梁片接触面增设橡胶保护装置(图6.1.2-25),严禁采用钢丝绳直接兜底起吊,避免梁底混凝土掉块。

图6.1.2-25　梁片及翼缘板保护装置

2)梁体起吊时门式起重机应在控制室进行集中控制,起吊、行走必须指定专人指挥,梁体每次起吊前应先将梁体垂直吊起0.2m进行试吊,确认安全后方可继续起吊及横移。

3)T梁存放支点宜在支座位置或设计规定的范围,支点应用枕木或硬木,2层堆放时应计算垫木的承载力;梁两端两侧应在翼板根部设置斜撑支撑,或使用特制的钢支撑架(图6.1.2-26)。T梁、小箱梁堆放高度不得超过2层,空心板不得超过3层(图6.1.2-27)。

图6.1.2-26　T梁钢支撑

图6.1.2-27　T梁存放

4)预制小箱梁及空心板梁板堆放均必须采用四点支撑堆放,支承垫块顶面位于同一平面内,误差不大于2mm。支承中心顺桥向距梁端300mm左右,横桥向距腹板外缘200mm,支承垫块平面尺寸为300mm×300mm。

6.1.3　质量控制

1　梁体预制过程中,其钢筋型号、钢筋间距、保护层厚度应符合相关规定,伸缩缝预埋筋、泄水孔、防撞护栏预埋筋、吊梁孔(环)等预埋件应安装准确、无缺漏,满足设计和施工规范要求。预应力钢束孔道位置应精确。

2　梁体混凝土应表面平整、光滑、色泽一致、无明显接缝、无漏浆,无蜂窝和麻面等缺陷,水泡气泡小且少,外观线条顺畅,边梁翼板边缘线应顺直、平整。

3　顶板应覆盖土工布保持梁体湿润。模板拆除后采用自动喷淋养生的,养生时间不少于7d。冬季施工时,应采用厚实帆布覆盖防冻,并采取保温养生措施。采用蒸汽养生的,应对蒸养时间、温湿度实时监控,相关要求见“工地建设”分册、《福建省高速公路混凝土预制梁智能建造指导意见》相关章节。

4　梁片存梁前应放置于检测台座上,对梁板进行全面外观检查,重点检查梁底的混凝土质量(主要是空洞、露筋、钢筋保护层等)以及梁长度、预埋钢板坡度、封锚情况等,并填写出坑检验记录表。

5　梁体应在预应力管道压浆、封锚混凝土强度符合要求后方可出坑,存梁时间不宜超过3个月。

6　梁体预制完成后通过采集试验(钢筋拉伸试验、28d混凝土试块)、生产(混凝土拌和、预应力张拉)及成品无损检测(保护层厚度、钢筋间距、结构尺寸)等关键质量数据,依据现行规范、设计文件及指南等相关文件对预制梁质量进行评价(图6.1.3-1、图6.1.3-2)。其中,拌和、张拉、钢筋保护层厚度及间距采集仪应具备自动数据记录和上传功能,鼓励各项目对布料设备、附着式振捣设备、蒸养室、回弹仪、梁片外观尺寸检测设备等进行数字化改造,使其可自动采集与实时上传数据至福建省高速公路监管一体化平台。关键质量数据按“工程信息化管理”分册的要求开展首件分析。

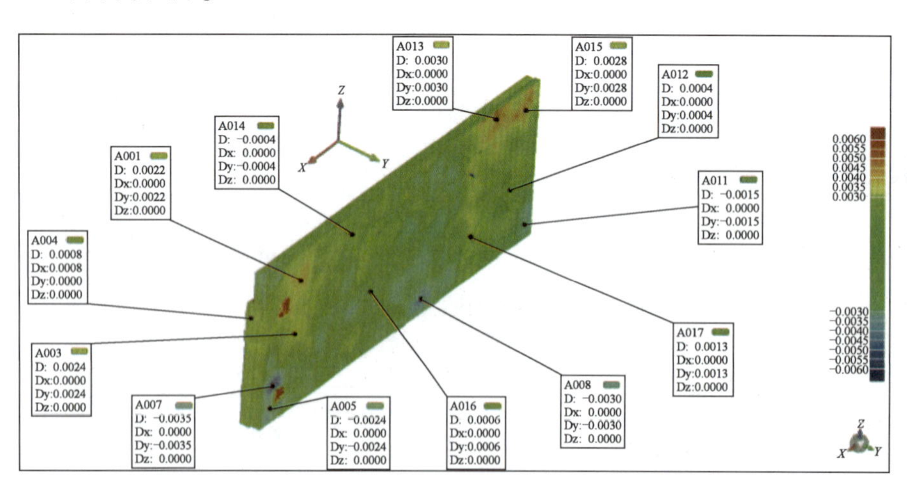

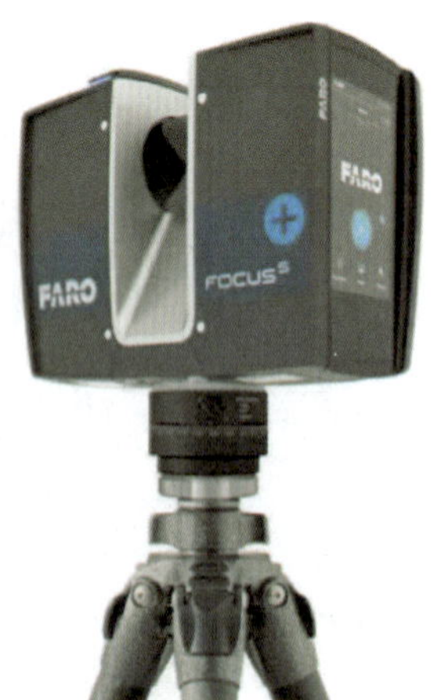

图6.1.3-1　基于激光三维扫描的外观缺陷检查

图 6.1.3-2　实体智能检测设备

6.1.4　安全环保

1　预制施工现场应封闭管理，与工程建设无关的人员严禁入内，现场机具分类划定区域摆放，废渣、废料及时清理，压浆剩余浆液经过滤芯分离处理达到标准后可作养生用水使用。

2　现场应配备专用爬梯，便于预制梁施工、检查。

3　张拉平台及施工架应搭设结实牢固，满足结构安全要求，张拉作业前设置好作业区，严禁非作业人员进入。

4　高压油管接头应加防护套，以防喷油伤人。

5　千斤顶带压工作时，钢绞线正面必须设置防护挡板，禁止人员在作业范围内穿行、站立。压浆工作人员应穿雨鞋，戴防护眼镜。

6　剩余浆液处理和清洗设备应在指定地点进行清洗，通过排水沟流至预制梁场三级沉淀池，经过滤后流入蓄水池，供梁场施工循环使用。

7　门式起重机应配备声光警报器，行走时警报器应自动开启，轨道上严禁站人或堆放杂物。门式起重机未使用时应放下夹轨器，并与轨道固定。

6.2　预制梁安装

6.2.1　一般规定

1　预制梁安装应编制专项施工方案，并经监理工程师批准后组织实施。架设 40m 以上跨径桥梁施工专项方案应组织专家评审论证。

2　桥梁墩台已经施工完成，并达到设计强度；垫石、支座通过验收，高程、平整度、水平度等指标符合要求。垫石上应提前用墨线画好十字定位线。

3　梁片架设应采用专业厂家生产的架桥机，并经相关部门验收合格，不得采用扒杆、桅杆架设或使用贝雷片等自行拼装的架桥机。

4　运梁通道应满足运架梁荷载的要求。应保持平顺、通畅，运输通道宽度不应小于 4m，横坡坡度不宜大于 2%，纵坡坡度不应大于 4%，保证运梁时不倾覆。架桥机拼装场地满足使用要求，周边净空满足架设要求。

6.2.2　施工工序

施工工序应按照架桥机的标准施工工序执行,不得擅自变更。

6.2.3　施工要点

1　架桥机使用应注意以下事项:

1)架桥机安装时须及时告知监理工程师,并经检验取得合格证书,办理使用登记证;对定期维修保养进行强制性要求,并进行经常性检查和定期检查。

2)架桥机应安装纵向、横向行走限位装置和起吊高度限位装置,主机应安装夹轨器;架桥机安装起重量限制器。

3)架桥机横移走道应采用工厂配套的整体式钢梁。钢梁底面应采用方木支垫,应采用井字形堆叠,方木净距不大于0.4m,每根木料必须至少有1个"码钉"固定。方木截面不小于0.16m×0.18m,高度调整块最小厚度不小于0.12m,支撑应牢固、平顺,不得使用腐朽方木或使用竹胶板等杂物塞垫。特别是走道横梁两端受力大的部位应加强支撑。

4)架桥机销轴位置应安装卡板和开口销。架桥机上应安装风速测定仪,超过五级大风,不得进行架桥机过孔作业;超过六级大风,不得进行架梁作业。

5)架桥机进行过孔及梁片架设过程中,应严格检查各支点密贴情况,不得出现脱空等现象,并随时检查支撑木稳定情况,确保安全后方可进行施工。

2　预制梁运输应满足以下要求:

1)梁片装车时,梁体中心线应在运输车的纵向中心线上,偏差不得超过10mm,梁片应按设计支点放置,放落梁时应先撑好再松钩。预制梁吊装上车后,在预制梁的两翼加圆木或高强度钢管支撑并用木嵌塞紧,在运梁车转盘上焊接钢板锁住梁片端横隔板,同时,在预制梁的两端支撑处用钢丝绳和手拉葫芦将梁体与运梁车转盘上的葫芦挂钩孔进行连接收紧。运梁车前端应设置防冲脱的挡块。

2)运梁车在运梁通道上负载行驶速度不宜高于5km/h(图6.2.3-1和图6.2.3-2)。已架设桥跨梁片顶部横隔板主筋未全部焊接时,不得进行架桥机过孔、运梁作业。

图6.2.3-1　梁片运输

图6.2.3-2　梁片架设

3）在桥上各湿接头、新浇筑伸缩缝运梁车通过位置应安放加劲钢盖板，钢盖板厚度不小于30mm，钢盖板宽度不小于1m，钢板与梁端搭接宽度均不小于300mm。

3 预制梁架设应满足以下要求：

1）架桥机墩顶和梁面下轨道梁存在过渡墩高低盖梁的情况，可考虑采用枕木和型钢组合支撑，保证钢轨的水平。枕木搭设应不大于3层，支垫枕木采用"#"字搭设，且采用铆钉锚固，最上层枕木方向应垂直于横梁方向，支撑枕木净距不应大于0.5m，各横梁轨道需设置限位。

2）架桥机过孔后，应保持主梁水平或前支点略微高于中支点（一般主梁纵坡不宜超过1%）。

3）运梁车进入架桥机后部导梁内，距架桥机后支腿0.5m左右时，运梁车应停止前进并设止轮器以防滑行。

4）梁体起吊与安装前，应对起重运输工具和设备事先进行检查，确认合格后方能使用。所使用的绳索、滑车、倒链，应保持一定的安全系数，不准超载使用。

5）正式起吊前，应先进行试吊，吊起高度0.2m后进行检查，确认起吊情况正常时，才能继续进行。在起吊过程中，禁止任何人站在梁上，或在下面行走和停留，禁止梁体悬空时操作人员离开现场。

6）预制梁安放时应就位准确、与支座密贴，严禁仅吊起一端用撬棍移动预制梁，应整体二次垂直起吊移动后再下落。T梁的横移采用横向滑道，严禁横向强行拖拉。

7）梁体架设完成后，及时进行湿接缝和湿接头钢筋的焊接，在纵向上每片梁与上一跨已架设梁需焊接4根以上钢筋。架桥机过孔前应100%完成横隔板主筋连接。

4 湿接头施工应满足以下要求：

1）每一联梁板就位后应及时浇筑湿接缝混凝土。

2）接头处钢筋的焊接或金属部件的焊缝应经过隐蔽工程验收后，方可浇筑接头混凝土。

5 负弯矩预应力施工应满足以下要求：

1）负弯矩预应力应在相邻跨、梁端所有混凝土浇筑完成并达到规定强度后方可张拉。

2）负弯矩预应力施工前应做好孔道封口保护及锚垫板的防锈处理，提前准备好锚头作业处的施工平台和人员通道。负弯矩预应力波纹管热熔套连接如图6.2.3-3所示。

图6.2.3-3 负弯矩预应力波纹管热熔套连接

3)梁端连续段混凝土强度必须达到设计要求后,方可穿束进行负弯矩预应力施工。

4)张拉前应对预留孔道应用通孔器或其他可靠方法进行检查。

5)预应力筋的张拉顺序应符合设计要求。设计无规定时,按先短束、后长束并待短束封槽混凝土强度达到80%以上方可张拉长束的顺序进行。负弯矩张拉应采用智能张拉设备,具体要求见本指南3.4.4。

6.2.4　质量控制

1　安装后做到各梁端整齐划一,整体横坡满足要求,梁端缝顺直,宽度符合要求,伸缩缝槽口等预埋件均满足规范要求。构件不得有硬伤、掉角和裂纹等缺陷。

2　梁、板安装后构件不得有硬伤、掉角和裂纹等缺陷。

3　支座安装见本指南7.2。

6.2.5　安全环保

1　提、运、架梁应设专人统一指挥,现场设专职安全员对运架进行安全巡视,信号正确清楚,密切观察各部位的安全状况,发现异常应及时停止作业。架桥机关键部位已设置安全监测系统及视频监控系统。

2　加强起重吊装设备检修,对所有起重、运输工具设备,使用前应进行全面的检修,重型吊装机械必须经过荷重试吊合格后,方可正式使用,在统一指挥下进行作业。架梁机使用中应定期进行检查确认,严禁超范围使用和带病作业。

3　提梁作业应设专人清理走道,场地平整;严格按照安全操作规程操作提梁机械,做到四点同步,行驶平稳。

4　作业过程中,地面应设警戒区,周围应设置“施工重地、闲人免进”“注意安全”“当心落物”等警告标志,由专人值守禁止非施工人员进入。在道路、航道上方进行梁板安装或架桥机移跨过孔时,须设临时交通管制措施,严禁行人、车辆和船舶在桥梁下方通行。

5　每跨梁板安装完成后应及时设置临边防护栏杆,并在湿接缝、整体式桥梁中央分隔带处设置防坠板(图6.2.5),应采用标准的装配式防护栏杆、防坠板,并固定牢靠;梁板顶面如有预留孔应设置防护栏杆或盖板;防护栏杆上应设置“禁止翻越”“当心坠落”等警示标志。

图6.2.5　湿接缝防坠板

6 运梁应严格按照3～5km/h速度行驶，做好防碰撞措施。运梁通道上设置运梁车运行标线、标志、警示标牌。

7 架桥机过孔后，应在架桥机桁架内焊接防滑花印钢板作为工人安全通道，在架桥机前端导梁临时支腿设置“背笼+安全绳”供工人上下，在距盖梁1m范围内敷设安全网且利用在导梁临时支腿间设置“生线”作为前横梁支垫操作时工人安全带悬挂点。在前横梁支垫完成临时支腿抽离时，盖梁操作工人应将安全带与前横梁上的安全绳连接，在盖梁下方不大于2m处设置防坠网。其中已架设桥跨梁片横隔板主筋未全部焊接时，不得进行运梁、架梁作业。

8 架桥机必须在司机操作处、承载支腿处设置紧急停止开关，确保在紧急情况下能够停止所有运动驱动装置。紧急停止开关应为红色，并且不能自动复位。

6.3 支架式现浇

6.3.1 一般规定

1 桥梁上部结构现浇施工应根据相关规定编制专项施工方案，并经监理工程师审核批准，超过一定规模的并应组织专家评审论证。

2 支架专项设计包括设计说明书、设计计算书、预计的总变形值（支架基础沉降、接缝压缩值及接头承压弹性变形值）和允许值、支架材料数量表、支架总装图、细部构造图、上部结构浇筑图等。

3 开工前应复核现浇箱梁的高度、宽度、细部尺寸等技术指标，支架现浇箱梁专项施工方案应已编制完成，并经审核批准。

4 人员配置合理，应包括施工员、测量员、架子工、木工、钢筋工、混凝土工、电工、电焊工等。

5 施工场地应满足支架搭设、现浇施工、支架拆除等工况，设备布置、材料堆放、人员爬梯等均要统筹考虑。

6.3.2 施工要点

1 支架地基应满足以下要求：

1）地基应进行妥善处理，确保现浇施工安全。现浇施工地基承载力应满足200kPa以上（设计图有要求除外），且无软弱下卧层。地基处理后应采用厚度不小于100mm的C20混凝土进行硬化处理，做好相关检测记录和影像资料。

2）地基的处理范围应比支架最外侧至少宽出0.5m。地基处理时应设置2%～4%的横坡和纵坡，并设排水沟确保雨水和养生用水及时排出，防止浸泡地基产生沉降。

2 支架、模板搭设及拆除应满足本指南3.2的规定。内模与底模之间每隔1.0m应按底板厚度设置垫块。每隔1.0m用ϕ12mm的U形钢筋固定在底模上，防止浇筑混凝土时振捣过程中内模下沉、移位或上浮。

3 底模安装前应复核支座的中心位置、轴线偏差、型号及支座滑移方向。

4　钢筋加工、混凝土浇筑、预应力施工等可参见本指南相关章节,同时还应符合下列事项:

1)安装腹板和底板钢筋时,应将腹板和底板钢筋采用焊接连接牢固。顶板底层横向钢筋宜采用通长钢筋。

2)箱梁顶底板的架立钢筋、预应力管道的“防崩钢筋”、齿块钢筋应做专项检查验收确认。

3)混凝土浇筑宜采用水平分层、斜向分段、横桥向全断面(以均匀消除沉降)推进方式从低端向高端纵桥向连续浇筑。对于箱形梁同一截面,浇筑混凝土时应先浇筑腹板处,再从工作口浇筑底板处,最后再浇筑顶板混凝土。混凝土浇筑过程中应充分振捣密实,不得漏振或过振。

6.3.3　质量控制

1　支架搭设应严格按照设计图纸实施,满足相关规范要求。

2　未出现芯模或内模上浮或下沉的现象,顶板、底板未露筋。

3　现浇梁板质量标准参见《公路工程质量检验评定标准　第一册　土建工程》(JTG F80/1—2017)第8.7节。

4　外观颜色应均匀一致,各种预留预埋应满足规范要求(图6.3.3)。

图6.3.3　现浇梁预留预埋

6.3.4　安全环保

1　现浇支架施工为高空、立体作业,必须有完善的安全防范措施,重点监控个人防护用品的使用,保证在任何状态下都有安全防护措施。

2　上下爬梯、人员通道、作业平台、临边防护安全网等应经过专门设计出图,各种安全防护材料经过检验合格后方可使用。防护设施完成后经安全领导小组验收合格后方可投入使用。

3　浇筑混凝土过程中,应指定专人对模板支架的受力、变形情况进行监测,发现异常情况,及时报告、及时处理,甚至暂停施工、撤出人员。

4　高空作业时严禁抛掷任何物体,并满足以下要求:

1）高空作业人员应佩带工具袋，小件工具和工件应放置在工具袋内，作业完成或下班前应收拾干净作业场所。大件工具应系保险绳，传递物件时应用绳索绑扎传递，严禁抛掷。

2）高处作业时，点焊的工件不得移动，组合设备必须焊接牢固或连接牢固，经检查后方可起吊就位。

3）高空作业切割工件、边角余料等应放置在牢固的地方或用铁丝绑扣牢固，并有防止坠落措施，工作完成或下班前应及时清理。脚手架上严禁放置边角余料。

4）严禁将撬杆、扳手、铁锤、钢丝绳、卡环等工具及工件放在管道、联箱、容器内和横梁上或架子管内，需放在脚手架上时应绑牢，并有防坠落措施。

6.4　悬臂式现浇

6.4.1　一般规定

1　悬臂现浇桥梁应编制专项施工方案。专项施工方案应由施工单位项目部组织编写，经项目部上级机构审查、监理工程师审核后，组织专家评审论证，再按相应程序进行审批后组织实施。专项施工方案除了通常的施工组织方案外，还应包括：

1）挂篮设计方案。应由挂篮设计制造单位编制，设计方案应汇总到专项施工方案中，一并提交评审论证；施工监控应由施工监控机构编制，汇总到专项施工方案中，一并提交评审论证。

2）0 号块支架设计方案。

3）边跨现浇段支架设计方案。

4）合龙段吊架设计方案。

5）墩顶临时固结设计方案。

6）施工监控方案。

2　挂篮应委托有相应资质的制造厂家进行设计、制造。

3　悬臂浇筑桥梁应由建设单位委托有相应资质的第三方机构进行施工监控，监控单位应在悬浇桥墩柱开始施工前进场，并建立有限元模型进行理论计算和编制监控方案，监控方案应经建设单位审批通过后方可实施。

4　临时结构的专项设计应包括：设计说明书、设计计算书、挂篮（吊架）预计的变形总值（上下横梁、吊带变形等累加）及允许值（总变形不大于 20mm）、支架预计的沉降总值（支架基础沉降、接缝压缩值及接头承压弹性变形值）及允许值、材料数量表、总装图、细部构造图等。

5　施工技术人员与作业人员应进行技术和安全交底，明确质量、安全、工期、环保等要求；挂篮及设备到场前均应通过检验。

6　挂篮结构应满足以下要求：

1）悬浇施工应使用自锚式挂篮设备，不得使用配重式挂篮。

2）挂篮锚固系统所用的轴销、键、拉杆、垫板、螺母、分配梁等应专门设计、加工，不得随意更换或替代。

3)挂篮上部与底篮连接应使用锰钢吊带连接工艺(图6.4.1),以下情况不得采用精轧螺纹钢作为吊点吊杆:前吊点连接、上下钢结构直接连接(未穿过混凝土结构)、与底篮连接未采用活动铰连接的、吊杆未设外保护套的。

图6.4.1　锰钢吊带连接工艺

4)后锚扁担梁精轧螺纹钢应采用双螺母拧紧,外露螺纹钢应高出最上层螺母30mm以上,同时应保证精轧螺纹钢垂直受拉,防止精轧螺纹钢弯折。

5)挂篮滑道铺设应牢固、平整、顺直,前移行走设专人指挥,挂篮前移过程中应保持同步、平稳。挂篮行走过程中,不得有任何人员站在挂篮上。挂篮行走调试到位后,作业人员才能进入箱梁作业。

6)挂篮锚固点应按设计要求锚固,梁段纵坡大于2%时应设置纵向限位装置。

7)挂篮安装完成后必须进行预压,挂篮预压主要有袋装砂预压、水箱加水预压、新型三脚架千斤顶反力预压等方式。

7　连续梁桥悬浇施工时应验算临时固结体系强度、刚度及稳定性,严格按设计施工临时固结体系,临时固结体系必须经监理工程师验收合格后方可开始悬浇施工。

8　连续梁桥悬浇施工的临时支座应与永久支座一同施工,并按设计要求的工序完成体系转换。

9　施工过程两侧悬臂必须对称施工,严禁偏载。

6.4.2　挂篮准备

1　应熟悉施工图纸和设计资料,复核悬臂现浇箱梁高度、宽度、细部尺寸等技术指标。

2　挂篮最大载重能力应为实际施工荷载的1.2~1.5倍。

3　最大荷载工况下,在浇筑混凝土前后,前吊点最大挠度差值不应超过20mm,底模纵向钢梁挠度应控制在$L/400$(L为底模钢梁前后吊点间长度)以内,抗倾覆安全系数大于2。

4 挂篮全部构件自重与待浇筑混凝土梁段最大单节重量比应介于 0.30 ~0.45 之间,并符合设计规定。

5 挂篮行走系统应采用自锚机构,不得使用配重行走方式,自锚行走机构和轨道必须满足局部应力集中的极端工况验算。

6 挂篮上应设置通向各个工作面的安全通道、作业平台、临边防护护栏、照明接入点、喷淋养生水管接入点、张拉吊具吊点、小型机具及材料存放柜等配套设施,并固定牢靠。

7 挂篮应采用模块化设计,内外模板应采用大块整体钢模,对变横坡桥梁,模板应设计相应调节顶杆,随动调整。

6.4.3 施工要点

1 0 号段施工应满足以下要求:

1)应根据现场实际情况选取落地式支架、墩侧牛腿托架等合适的支架方案。

2)应严格按设计方案和规范要求加设剪刀撑、扫地杆等构件,并进行超载预压。

3)0 号段模板、托架式支架应考虑到悬臂施工挂篮安装及推进的技术要求。

4)0 号段临时墩设计应满足拉压双重荷载工况的要求,宜使用易于拆装的钢结构。

5)0 号段宜一次浇筑成型,结构尺寸较大的可根据设计分层浇筑。

6)0 号段横隔墙厚度不小于 1.5m 的应设冷却水管,防止水化热导致内外温差过大。

7)混凝土浇筑应由远端向墩顶分层对称浇筑,分层厚度不大于 300mm。

8)模板应采用整体式钢模,垫块应采用高强度砂浆垫块。

2 悬臂段施工应满足以下要求:

1)挂篮拼装完毕后应由项目部、监理工程师组织验收,挂篮厂家技术负责人必须参加,验收小组逐个对挂篮的构件、吊带、万向节或活动铰、连接高强度螺栓、销子、精轧螺纹钢吊杆螺母进行检查验收,并在验收报告上签字认可。

2)挂篮组拼完成后,应对挂篮进行试压,检验挂篮的性能和安全,消除结构的非弹性变形,获取挂篮弹性变形参数。

3)正式施工前,应由项目部组织对参加施工的技术人员、班组进行专项安全、技术交底,并形成正式纪要文件。

4)应建立挂篮前移前各项检查清单,由施工单位相关技术负责人、组织专监、相关技术员、班组负责人等对照清单进行检查,合格后方可进行前移施工。挂篮行走要保证同步性,每走一个行程进行检查,行走到位后及时安装后锚,同时前支点应按照设计要求布置枕梁。

5)悬臂施工应对称进行(图 6.4.3),宜采用可控方向的三通泵管来控制,最大容许不平衡重以临时墩设计数据控制,但实际施工中控制偏差方量为 1 ~2m^3 混凝土。

6)混凝土应按应分层往复的顺序浇筑,分层厚度为 300mm。

7)悬臂浇筑梁段养生应采取固定喷淋与人工辅助洒水养生相结合的方式,确保梁体表面在养生期内保持湿润。

图 6.4.3　悬臂浇筑施工

8)所有顺桥向预应力管道应在混凝土浇筑时使用衬管保护,防止漏浆。

3　边跨现浇段施工应满足以下要求:

1)支架基础的处理应保证承载现浇段荷载及合龙段的施工荷载,合龙段一侧的地基应做适当加强处理,保证承载力满足要求。

2)现浇段若采用支架现浇施工方案,应满足本指南 6.3 的相关规定。

3)现浇段支架若采用托架,托架的设计应满足承载力、稳定性及合龙段偏压承载的要求,托架现浇还应考虑过渡墩偏载情况,不得破坏结构受力。

4)现浇段施工时,应预留合龙段施工相关的预埋件及预留孔道。

4　合龙段施工应根据确定的合龙顺序及配重方案执行并满足以下要求:

1)两悬臂端配重应为合龙段重量的 1/2,宜采用水箱进行配重以便浇筑过程进行卸载。

2)加载过程应有专人指挥,根据浇筑混凝土进展统一调度,体系转换严格按照设计要求施工。

3)合龙段若采用挂篮平台作为合龙吊架,第三方监控单位应根据实际工况建模并实时监测。

4)合龙段劲性骨架的锁定要迅速完成(宜在 2h 以内完成)并形成刚构,劲性骨架锁定完成后应马上进行 4 束临时预应索张拉至 100t,再进行混凝土浇筑。合龙段劲性骨架施工宜先将劲性骨架与合龙段一端焊接,待气温稳定时再焊接另一端。

5)合龙段混凝土浇筑完成后应按设计或规范要求进行养生,待 4 束临时预应力张拉到设计值后才能拆除锁定的劲性骨架。

6)在合龙段混凝土浇筑完成后,在预应力张拉之前必须将支座进行解锁。

5　预应力施工应满足以下要求:

1)应采用智能张拉压浆设备进行张拉和压浆施工。

2)竖向和横向预应力筋可在混凝土浇筑前将其穿束到位,纵向预应力筋应先安装衬管,混凝土浇筑完成后再穿束,注意保护预应力管道的出气孔。

3)箱梁三向预应力筋的张拉顺序及张拉时间应符合设计规定,设计未规定时可按以下顺序进行:张拉竖向预应力钢束 < 100% →张拉顶板束→张拉腹板束→滞后 3 个节段后二次张拉竖向预应力钢束并张拉横向预应力筋→横竖向预应力钢束灌浆。

4)竖向精轧螺纹钢筋在锚固时应扳紧张拉端螺母。竖向预应力筋应在张拉完成 24h 后复拉,复拉后的有效预应力应使用扭矩扳手验证,合格后应立即压浆。

5)竖向预应力管道压浆应严格按规范规定的施工工艺施工。注浆孔和出浆孔应设置阀门,并按规定的压力、持压要求施工。

6)其他要求参见本指南册相关章节。

6.4.4 悬浇线形及应力监控

1 在悬浇施工开始前,应成立由建设、监理、设计、施工、监控等单位组成的施工控制小组,共同研究、处理施工过程中出现的问题。

2 在节段施工开始前,监控单位应制定施工监控技术方案,经专家审查并监理工程师批准后方可实施。跨径超过 100m 的大跨度悬浇桥梁施工控制技术方案、实施细则及其后的施工控制成果应及时报备省高指,其余跨径可参照执行。

3 桥梁施工监控计算应使用不同的有限元软件进行比较和校核,确保计算成果的准确性;施工过程中,应根据现场施工情况,核实并调整相应的计算参数,力求使计算模型与实际施工一致。预抬值应结合按现行规范要求计算成桥后收缩徐变计算周期引起的下挠值和以往同类桥梁的成功经验合理设置。

4 计算书除对模型建立、参数的采用进行说明外,还应包含施工阶段的内力分析、各阶段不同工况下的挠度分析。

5 应力及线形监控应按挂篮就位后、混凝土浇筑后、张拉完成后的三种工况进行。箱梁块件长度与截面尺寸变化的首件、施工至 1/2 悬臂长度以及合龙前的 3 ~ 4 个块件等情况应根据需要监测预应力张拉前和混凝土浇筑前 2 个工况。

6 通过监测、分析和与设计理论值的比较,验证各项设计假定的合理性及设计的可靠性,保证桥梁结构的安全;同时应提供立模高程,保证桥梁线形。过程控制应遵循以变形控制为主、变形和内力双控的原则。

7 监控单位应独立开展线形监控量测,复核立模高程,确保监控实效。应使用专用的监控测点,不得使用钢筋头,并与钢筋骨架焊接牢固,高出混凝土表面 20 ~ 50mm,同时应对测点进行显著标记和有效保护(图 6.4.4-1),避免施工过程碰撞变形。为保证合龙精度,线形测量原则上要求按二等精度实测。应变监测应与线形监测同步(图 6.4.4-2)。

8 挠度监测应做到四定原则:定人、定仪器、定时、定点。观测时间宜选在日出前,避开日照、温差等造成的影响。每次观测均应做好测量记录,包含记录气象、温度等环境条件,观测完成后应及时对数据进行整理分析。

9 悬浇桥通车后原则上连续三年监测挠度变化,对特别重要的桥梁,工后观测时间宜延长。

a)高程点布设与保护

b)高程测读

图 6.4.4-1　箱梁线形监测

a)应变传感器埋设

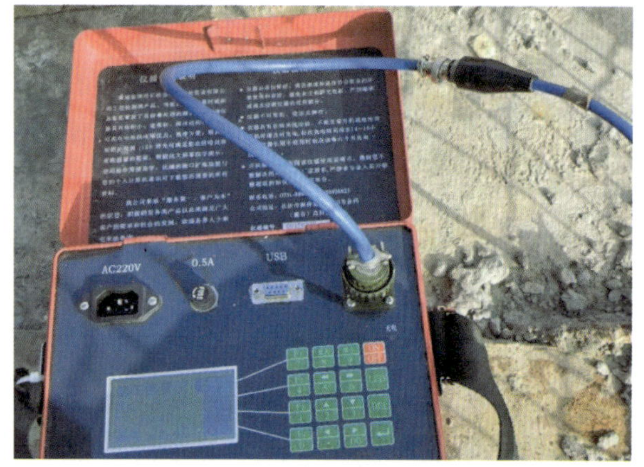

b)应变值测读

图 6.4.4-2　应变监测

10　建设单位可根据需要要求监控单位对悬浇梁施工过程的高程、应力、应变、温度、混凝土重度、混凝土弹性模量等进行监测。监测所需预埋件由现场技术员根据监控量测方案在第三方监控量测单位指导下完成预埋,并由项目部测量队提供施工过程中的箱梁高程测量数据、由试验室提供混凝土重度、弹性模量等数据,应力、应变、温度等监控量测数据由监控量测单位根据施工监控方案定期采集。施工单位根据监测数据完成立模板、浇筑、张拉以及体系转换。

6.4.5　质量控制

1　悬浇施工前必须对桥墩根部(0 号块)的高程、桥轴线做详细复核,保证其符合设计要求后,同时由施工单位相关技术负责人组织专监、相关技术员、班组负责人等对照清单验收合格后方可进行悬浇。

2　轴线和挠度应在设计要求和允许误差范围内。

3　各阶段施工完成后，应进行外观检查，标注裂缝、蜂窝等缺陷。

4　梁体不得出现受力裂缝。出现裂缝时，应查明原因，经过处理后方可继续施工。

5　应确保接头质量，拆模后立即进行人工凿毛，相邻块段的接缝平整密实，色泽一致，无明显错台。

6　线形应平顺，梁顶面应平整，每节段无明显折变（图6.4.5）。

图6.4.5　桥梁线形外观

7　悬臂浇筑质量标准参见《公路工程质量检验评定标准　第一册　土建工程》（JTG F80/1—2017）第8.7节。

6.4.6　安全环保

1　应根据设计图纸设置安全且便于使用的施工通道和工作平台（图6.4.6）。以斜托架作施工平台时，平台边缘应设安全防护设施。墩身两侧托架平台之间搭设的人行道必须连接牢固。人员必须按规定佩戴安全防护用品，配备救生设施。

a)安全通道及储物柜

b)桥面电焊机存放

图6.4.6　桥面安全通道及小型机具存放

2　桥面栏杆应随悬浇段同步延伸设置，挂篮前端和两侧设置可靠的预应力张拉平台。

3　对0号块托架、挂篮和现浇段支架的设计、施工方案应由技术部门和安全质量部门检算和验收。其中,挂篮拼装完成应邀请第三方检测机构对关键受力部位进行无损探伤并出具相关报告,按要求做好预压试验,各安全系数应满足规范和设计要求。

4　钢管架的搭接应严格按照有关安全操作规程操作。使用的机具设备(如千斤顶、滑车、手拉葫芦、钢丝绳等)应进行检查,不符合规定的不得使用。

5　滑移斜拉式挂篮安装时或主梁行走到位后,应先安装好后锚固和水平限位装置,方可安装斜拉带悬挂底模平台。底模和侧模沿滑梁行走前,应将斜拉带和后吊带拆除,用倒链起降和悬吊底模平台,同时在倒链的位置加保险绳。

6　起重工作应严格按现行《公路工程施工安全技术规范》(JTG F90)进行操作。

7　张拉工作时千斤顶正面不得站人。压浆时应佩戴防护镜,出浆应进行收集处理,不得让浆液直接排到桥面。

8　应加强天气预报信息收集工作,遇强台风来袭应按规定做好防护工作。

9　应建立挂篮行走、梁段浇筑前检查清单。挂篮行走、梁段浇筑前要进行全面检查,检查合格并经签字确认后,方可挂篮行走、实施梁段浇筑。挂篮前吊点、后锚等主要受力构件宜设置自动化监测系统监测挂篮受力情况。

6.5　移动模架式现浇箱梁

6.5.1　一般规定

1　移动模架分为上行式和下行式两种类型,宜采用定型产品(图6.5.1)。本节适用于下行式,上行式可参照执行。

图6.5.1　移动模架施工

2　熟悉施工图纸和设计资料,复核移动模架现浇箱梁高度、宽度、细部尺寸等技术指标,编制移动模架现浇箱梁专项施工方案,并经监理单位审核、建设单位批准。

3　移动模架式现浇梁施工过程应由具有相应专业资质且有成熟监控经验的单位对桥梁线形、应力等指标控制进行监控测量,并指导现场施工控制。

4　预压荷载应模拟混凝土重量分布和浇筑过程,加载时沿纵、横向均匀分层对称进行,禁止在某处集中加载。加载重量误差应不大于3%,加载过程中如发生异常情况应立即停止加载。

5 移动模架过孔时,必须严格遵守对称、同步原则。移动模架系统必须具备限位和紧急制动装置,防止模架移动时失控。

6 施工技术人员与作业人员已全部到位,并进行技术和安全交底,明确质量、安全、工期、环保等要求。

6.5.2 移动模架准备

1 移动模架系统设计应满足以下要求:

1)移动模架设计应由有资质的设计单位联合专业厂家进行设计并加工制作,同时提供操作手册等相关文件。施工单位、移动模架设计单位及监理人员进行监造,加工厂家应该出具出厂质量合格证。

2)移动模架应配置全液压系统,包括行走和支撑等均由液压系统完成。

3)模架的功能、承载能力、长度、模板尺寸及支撑系统等,应与所施工预应力混凝土连续梁的各项要求相适应。

2 应对移动模架主要构件的材料规格型号,焊接质量(应有焊缝探伤检测报告)、防锈措施、材料合格证书等进行验收,运至现场拼装完成后进行整体验收,验收合格后方能使用。

6.5.3 施工要点

1 移动模架拼装应满足以下要求:

1)进场材料应放置在干燥、平整的场地内,并派专人看守,做好防雨措施,避免模架构件锈蚀损坏。

2)移动模架拼装应在厂家指导下按照产品的操作手册进行。

3)拼接螺栓初拧前,应严格检查拼接件的各部位尺寸、数量、编号、位置、方向及轴线等是否符合设计要求,确认无误后,再进行高强度螺栓的初拧、终拧工作。

4)拼装完成后应对其拼装质量进行检验,并应在首孔梁浇筑位置就位后进行荷载试验,检验和试压合格后方可正式使用。

2 移动模架静压试验应满足以下要求:

1)移动模架现浇混凝土施工前应进行试压,以检验移动模架的合理性和结构的可靠性,记录移动模架的变形情况,为设置预拱度提供参考。

2)加载和卸载方法、步骤参照支架现浇箱梁支架预压加载和卸载的相关规定执行。

3 移动模架施工应满足以下要求:

1)首孔梁浇筑混凝土前,应做好施工前的各项准备工作;浇筑施工时,应对模架进行挠度监测,监测的数据及分析结果应作为修正模架预拱度的依据。首孔梁的混凝土在宜顺桥向从桥台(或过渡墩)开始向悬臂端进行浇筑。

2)中间孔梁从悬臂端开始向已浇梁段推进浇筑,末孔从一联中最后一个墩位处向已浇梁段推进浇筑,最终与已浇梁段接合;梁体混凝土在横桥向应对称浇筑。

3)内模中的侧向模板应在混凝土抗压强度达到2.5MPa后,顶面模板应在混凝土抗压强度达到设计强度等级的75%后,方可拆除;外模架应在梁体张拉预应力后方可卸落。落模前,应检查液压机电系统及墩顶模板是否已拆除完毕。

4)模架横移和纵向移动过孔前,应解除作用于模架上的全部约束。纵向移动时两侧的承重钢梁应保持基本同步,且应有限位和紧急制动装置。模架在移动过孔时的抗倾覆稳定系数应不小于1.5。

5)模架的拆除应根据不同的施工环境条件制定相应的拆除方案。

6)控制好每跨的预拱值,根据预压结果分别确定首跨、中间跨、末跨三个位置的预拱值。

4　钢筋安装、混凝土养生及预应力等施工参照本指南相关章节规定执行。

6.5.4　质量控制

1　浇筑底板与腹板时,应注意控制浇筑时间差,避免出现腹板根部拉裂现象。浇筑顶板前可对腹板顶部的表面做二次振捣。

2　底模架设后,横梁在箱梁底板处的吊点应采用千斤顶紧固,施加压力应达到该吊点的全部施工荷载值,翼板底模也同此要求。

3　在已浇混凝土梁体的悬臂端附近应采取防止移动模架主梁受力下挠的措施。

4　移动模架合模后,应对模板的轴线偏位和高程进行复核。

5　箱梁施工必须对称进行,对桥梁轴线和高程进行施工监控,两次接头部位的两侧梁、板的高差应在设计和规范允许的范围内。

6　模架移动应在预应力张拉压浆完成后进行。张拉前,应控制桥面上的临时荷载。

7　现浇施工过程控制应遵循以变形控制为主、变形和内力双控的原则。

8　混凝土箱梁断面应及时进行凿毛,凿毛时应在混凝土保护层外侧保留10mm宽的完整边界。

9　全桥线形应平顺,梁顶面应平整,每孔无明显折变。

6.5.5　安全环保

1　移动模架桥梁施工区域严禁非施工人员进入。模架移动应专人指挥。

2　模架移动前,应清理干净模架翼缘模板边缘、横梁、主梁上易坠落物。模架所有操作平台的边缘处,均应设置防护栏杆并挂安全网,同时,应在模架的适当部位配备消防器材。

3　移动模架中的动力和照明线路应由专业人员敷设,并应定期检查清理,消除漏电、短路等隐患。

4　模架移动、混凝土浇筑及支撑托架安装前必须进行检查、验收。

6.6　节段梁预制及悬臂拼装

6.6.1　一般规定

1　本节内容适用于预制节段梁采用悬臂拼装方法施工的预应力混凝土连续梁和连

续刚构桥,节段拼装钢箱梁、采用先吊挂再拼装的逐跨施工方法可参照使用。

2 熟悉施工图纸和设计资料,复核预制节段梁长度、细部尺寸、角度等技术指标,开工前应编制专项施工方案,并应通过审批。

3 施工技术人员与作业人员已全部到位,并进行技术及安全交底,明确质量、安全、工期、环保等要求。

4 节段梁预制时应严格控制梁段的断面和形体的精度,并充分注意场地的选择与布置、台座和模架的制作、工艺流程的拟定、养生和储运的每一个环节。

5 预制场地应建立精密测量的平面控制网和高程控制网并设置测量塔和靶标。节段预制控制测量应采用专用线形控制软件指导线形控制。预制场场地建设可参考"工地建设"分册相关章节。

6 预制节段梁应按照设计要求的方式进行拼装架设(图6.6.1)。当采用其他方式架设时,须经设计单位同意。

a)混凝土箱梁

b)钢箱梁

图6.6.1 节段梁施工

6.6.2 施工要点

1 节段梁预制除应满足本指南6.1相关规定外,应满足以下要求:

1)悬臂拼装节段梁可采用短线法或长线法台座预制。预制台座应稳定、坚固,在荷载作用下,其顶面的沉降应控制在2mm以内。

2)节段预制应采用专门设计的钢模板。钢模板及其支撑除满足强度、刚度和稳定性的要求外,还应满足多次重复使用不变形及保证节段精度的要求。

3)采用长线法预制时,同一连续匹配浇筑的节段梁体应在同一长线台座上制作;采用短线法预制时,应在台座上匹配节段梁体。

4)内模系统应可调整且宜安装在可移动的台车支架上。端模应铅直牢固,外侧模与底模应能适应节段的线形变化要求。模板与匹配节段的连接应紧密、不漏浆。

5)测量控制点应设在远离热源和振动源的位置,且应具有良好的通视条件,必要时应设置备用的测量控制点。

6)节段梁的钢筋应在专用胎架上制成整体骨架后,吊入模板内进行安装;吊装整体骨架时应设置吊架,吊点的布置应合理,且应采用多点起吊,防止变形。

7)节段梁的脱模时间应符合设计规定;设计未规定时,应在混凝土强度达到设计强度等级的80%后方可脱模并拆除。在脱模、拆除或移动节段时,应采取措施防止损伤节段混凝土的棱角和剪力键。

8)模板拆除后应及时对节段梁进行检查验收,测量其外形尺寸,并标出梁高和纵横轴线。

9)节段梁从预制台座起吊时,混凝土的强度应符合设计规定。节段梁的移运应满足运输安全和施工安全的要求。

10)节段梁在存放台座的叠放层数不宜超过2层,存放台座及其地基的承载力应满足存梁要求。节段梁采用垫木或橡胶板等弹性支撑物进行支撑。节段梁的存放时间应符合设计要求;设计未要求时,不宜少于28d。

2　节段梁悬臂拼装应满足以下要求:

1)墩顶及相邻梁段采用现浇方式施工时,应符合本指南支架现浇梁施工的相关规定,且应使其与预制节段梁段匹配良好。

2)连续梁采用节段梁拼装的,墩顶梁段与墩之间应按设计要求临时固结。

3)预制节段梁安装前应在盖梁顶面弹线确定安装位置,确保定位准确,同时,应按设计和规范要求严格控制伸缩缝位置宽度。

4)应对拟安装的预制节段梁逐件进行检查,重点检查预应力孔道位置。对匹配胶接面进行清理,同时应核对编号、方向,确保准确就位。

5)节段梁拼装施工前,应对预制节段梁的匹配面进行必要的处理,并确定接缝施工的方法和工艺。悬臂拼装施工过程中,应跟踪监测各节段梁体的挠度变化情况,控制中轴线及高程;当实测梁体线形与设计值有偏差时,应及时进行调整。

6)吊装前应按施工荷载对起吊设备进行强度、刚度和稳定性验算,设备吊装能力应不小于节段梁体重量的2倍,同时对起吊设备进行全面安全技术检查,并分别进行1.25倍设计荷载的静荷和1.1倍设计荷载的动荷载起吊试验,经检查及起吊试验符合要求后方可正式进行节段的起吊拼装。

7)节段梁悬臂拼装时,桥墩两侧的节段梁体应对称起吊,且应保证桥墩两侧平衡受力,最大不平衡力应符合设计规定。

3　节段梁悬臂拼装接缝处理应满足以下要求:

1)各节段间的接缝施工应符合设计规定。

2)采用胶接缝拼装的节段,涂胶前应就位试拼。胶黏剂进场后应进行力学性能和作业性能的抽检,其各项性能应满足结构设计和节段拼装施工的要求。涂胶前的匹配面应进行干燥处理。

3)胶黏剂宜采用机械拌和,且在使用过程中应连续搅拌并保持其均匀性。

4)胶黏剂应涂抹均匀,覆盖整个匹配面,涂抹厚度不宜超过3mm。

5)对胶接缝应施加0.2MPa的临时预应力进行挤压,胶黏剂应在梁体的全断面挤出,挤压在3h以内完成;当施工时间超过明露时间的70%时,在固化之前应清除被挤出的胶结料。

6)胶黏剂在涂抹和挤压时应采取措施对预应力孔道的端口处进行防护,防止胶黏剂进入孔道内。

4　节段梁悬臂拼装预应力施工应满足以下要求:

1)对采用胶接缝的节段,在拼装工作结束并经检查符合要求后,应立即施加预应力对接缝进行挤压;采用湿接缝的节段,应在接缝混凝土强度达到设计强度的80%以上时方可对其施加预应力。

2)临时预应力钢束的布置和张拉控制应力应符合设计规定,并应满足多次重复张拉的作业要求;临时预应力钢束在结构永久预应力施工完成后方可拆除。

3)节段对称悬臂拼装完成并施加预应力后,方可放松起吊吊钩,并立即对预应力孔道进行压浆和封锚。

5　合龙及体系转换的程序应符合设计要求,施工应按本章悬臂现浇合龙段施工的相关规定执行。

6.6.3　质量控制

1　预制节段梁混凝土应振捣密实,外形尺寸准确,表面光滑,匹配拼接面吻合度好,剪力齿分明、完整。

2　悬拼块件前,必须对桥墩根部的高程、桥轴线做详细复核,符合设计要求后,方可进行悬拼。

3　胶接材料的性能应符合设计要求。相邻块颜色一致,接缝填充密实,平整无错台。

6.6.4　安全环保

1　对梁顶面明槽内已张拉的预应力钢束应加以保护,严禁在其上堆放物体或抛物撞击。

2　现浇湿接头施工后,应将墩身表面冲洗干净。

3　上部结构施工后,桥梁边缘应设置防护栏杆。

6.7　钢结构

6.7.1　一般规定

1　钢梁主体结构关键受力板件应采用Q345qD、Q420qD钢材,其化学成分、力学性能及技术指标均应符合现行《桥梁用结构钢》(GB/T 714)的相关规定。钢结构梁临时配件等应采用Q235B钢材,其技术指标应符合现行《碳素结构钢》(GB/T 700)的规定。

2　高强度螺栓连接副性能等级及技术指标均应符合现行《钢结构用高强度大六角头螺栓》(GB/T 1228)等相关规定。高强度螺栓连接副应由生产厂按批配套供货,且必须有生产厂按批提供的产品质量保证书。高强度螺栓连接副在运输、保管过程中应防雨、防潮,并应轻装、轻卸,防止损伤螺纹。

3　焊接材料应通过焊接工艺评定试验进行选择,采用的焊接材料应符合现行《非合金钢及细晶粒钢焊条》(GB/T 5117)、《熔化极气体保护电弧焊用非合金钢及细晶粒钢实心焊丝》(GB/T 8110)的技术规定,并与所采用的钢材相适应。CO_2 气体纯度不小于99.5%,各材料均应符合现行国家标准的规定。

4　在焊接前应进行焊接工艺评定试验,编写相应的焊接工艺规程。

5　钢梁节段到达项目现场后,监理工程师应组织相关人员对钢结构梁节段进行外观检查,包括检查其螺母松动、裂纹,或其他结构损坏现象。

6　钢梁应存放在排水良好的区域,用支架垫离地面(图 6.7.1-1),保证节段或涂层不会损伤和变形、不受污染,在钢结构码堆之间应有包装保护。

7　应按照现行《公路桥涵施工技术规范》(JTG/T 3650)关于钢构件规定和设计要求,编写详细的钢梁专项施工方案,并报监理工程师审查批准。

8　钢梁吊装应满足本指南相关章节要求(图 6.7.1-2 ~ 图 6.7.1-4)。采用顶推法施工的应满足现行《公路桥涵施工技术规范》(JTG/T 3650)的相关规定。

图 6.7.1-1　钢梁存放

图 6.7.1-2　钢梁吊装

图 6.7.1-3　吊装监测

图 6.7.1-4　钢梁吊装就位

9　钢结构生产宜建立钢梁制造信息化管理平台,对板材智能下料切割、焊接、拼装、防腐涂装等材料和施工质量全过程跟踪(图 6.7.1-5 ~ 图 6.7.1-10)。

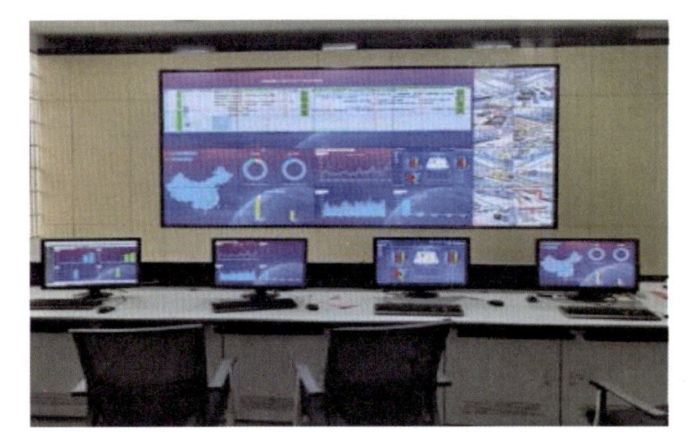

图 6.7.1-5　钢梁制造信息化管理平台

图 6.7.1-6　板单元智能焊接生产线

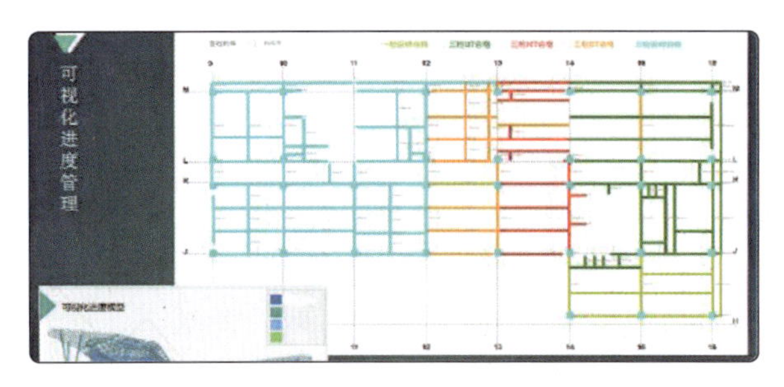

图 6.7.1-7　钢梁制造进度可视化

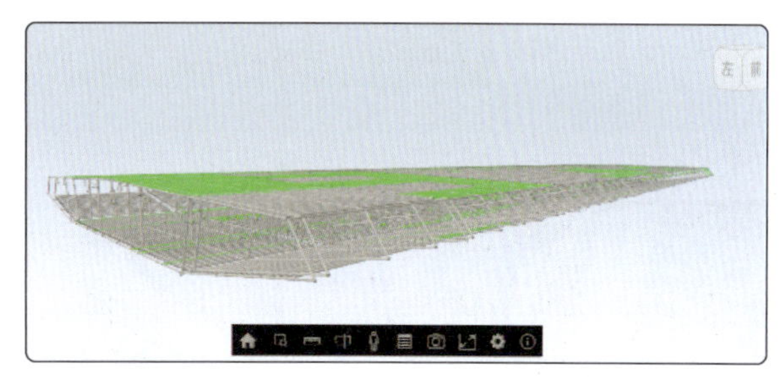

图 6.7.1-8　焊缝可视化模型

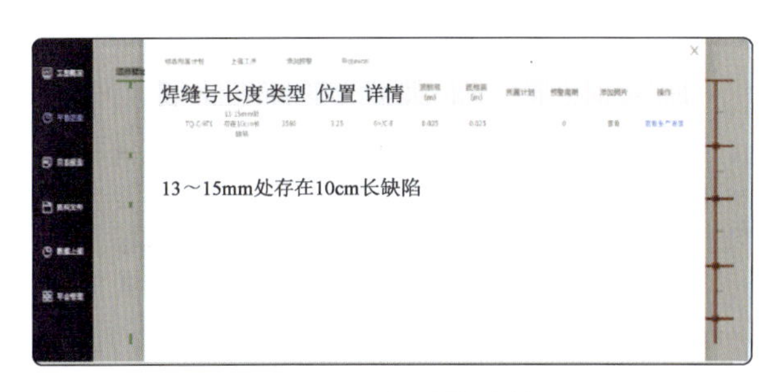

图 6.7.1-9　焊缝缺陷管理

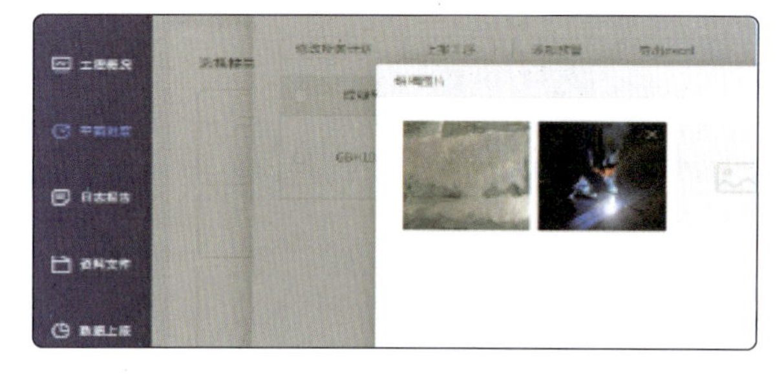

图 6.7.1-10　返修过程影像记录

6.7.2　施工要点

1　钢梁安装过程中的控制测量必须在温度较恒定的环境下进行。若安装温度恒定在与设计温度不同的水平，应适当校正。

2　安装时应充分考虑钢构件自重和焊接收缩的影响，保证横坡和预拱度的精度。应合理确定横向预拱度的大小，主梁合龙后横向坡度误差不大于 0.15%。

3　钢梁拼装的主要内容有：确定桥面线形，确定并控制钢箱梁的总长度、拱度、旁弯，修整顶板、底板的长度和环缝坡口，检查并矫正环缝两侧构件的匹配性（图 6.7.2-1）。

4　钢结构梁在现场焊接应使用挡风、遮雨棚改善现场施工条件。除箱梁内焊接外，雨天不得施工。

5　现场焊接（图 6.7.2-2）顺序宜按下列规定执行，以减少局部不规则变形、附加应力、残余应力及局部应力：横向焊缝应从桥梁中轴线向两侧对称施焊；有自由端的长焊缝，应从固定端开始施焊。

图 6.7.2-1　预拼装线形定位

a)埋弧焊

b)总拼智能焊接机器人

图 6.7.2-2　现场焊接

6　焊缝除锈后 24h 内必须进行焊接,超过 24h 应在重新除锈后方可施焊。

7　焊缝验收合格后方可进行防腐涂装,涂装应符合设计要求。

6.7.3　质量控制

1　所有焊缝应待焊缝金属冷却后进行外观检查,并填写检查记录备查。所有焊缝不得有裂纹、未熔合、焊瘤、烧穿、夹渣、未填满弧坑及漏焊等缺陷。外观检查不合格的焊接构件,必须进行修补打磨匀顺,在未进行处理并满足要求之前,不得进入下一道工序。

2　焊接施工期间,质量控制检查员应记录每天的检查、验收情况并形成文件,包括焊缝的准备、装配操作、接缝装配、焊接工艺,以及焊工、焊接操作员、定位焊工的工作表现。每次检查,质量控制检查员应在焊接施工之前、施工期间、施工后确认并记录焊缝是否符合设计及规范要求(图 6.7.3-1)。

3　经外观检验合格的焊缝,方可进行无损检测,无损检测应全面覆盖所有焊缝。无损检测的最终检验应在焊接 24h 后进行。钢板厚度 $t \geqslant 30$mm 焊接件应在焊接 48h 后进行无损检测。

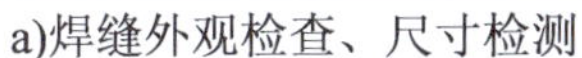
a)焊缝外观检查、尺寸检测

b)焊缝超声波检测

图 6.7.3-1 焊缝质量检测

4 在任何焊接施工期间，质量控制检查应具有连续性。质量控制检查员不间断地巡视焊接工作场所或焊接施工现场；质量控制检查员对执行焊接的每一个环节和每一个工点的焊工或操作员的检查空档期应不超过 30min。

5 涂装层厚度(图 6.7.3-2)、附着力(图 6.7.3-3)等检测应符合相关规范要求。

图 6.7.3-2 涂层厚度检测

图 6.7.3-3 涂层附着力检测

6.7.4 安全环保

1 钢节段梁在运输过程中应采用平稳、可靠的多点竖向支撑体系，以及抗风、抗浪的水平向固定措施和拴系体系，以防止倾倒、颠覆、碰撞及意外结构损伤。

2 焊工或焊接操作工必须取得权威机构签发的资格证书。焊工应按焊接种类(埋弧自动焊、CO_2 气体保护焊和手工焊)和不同的焊接位置(平焊、立焊和仰焊)分别进行必要的培训和考试，考试合格发给资格证书。焊工须持证上岗，且只能从事资格证规定范围的焊接作业。

3　箱内作业应符合以下要求;

1)箱室内应做好通风措施,以保障箱室内气流通畅。

2)作业人员应两人一组,同时室外应安排管理人员监控。

3)应制定强制休息标准,作业人员应注意休息。夏季箱室内单次作业时间应缩短并做好箱室内温度监测工作。

4)高温情况仍需作业的必须采取箱室内加冰块等降温措施。

7 桥梁附属工程

7.1 桥面铺装

7.1.1 一般规定

1 完成有关桥面铺装的施工技术文件和施工方案编制并经审核批准。

2 施工技术人员和工人已全部到位,并进行技术交底,明确质量、安全、工期、环保等要求。

3 施工前测量放样应已完成,并经监理工程师检验合格。

4 梁顶应平顺,高程符合设计要求,预应力筋已张拉完成并封锚。

5 三滚轴激光摊铺机或超声波摊铺机、平板振捣器、操作平台、桥面凿毛锤、磨光机、空压机、高压水枪、3m 靠尺等机具设备已进场。

6 桥面铺装应优先采用全幅施工。对特宽桥梁分多幅施工时,分幅宽度应合理划分,若为现浇箱(板)梁时,纵向接缝应设在车道标线处;若为预制梁时,应避免设在湿接缝(铰缝)位置上。

7 沥青铺装详见"路面工程及交通安全设施"分册相关章节。

8 满足现行《公路桥梁结构监测技术规范》(JT/T 1037)健康监测系统建设条件及公路上跨铁路的桥梁应为监测系统预留供电、通信接口。交叉施工影响结构安全的宜设置监测点,监测周期与施工工期一致。

7.1.2 施工要点

1 桥面铺装施工前应详细测量梁顶面高程,顺桥向测量间距不大于 5m,横桥向测量应在每片预制梁翼缘板两边处、现浇梁间距不大于 2m。

2 应按设计高程计算桥面铺装厚度,厚度超过设计或规范允许值时,应提出专项整改方案,并经设计验收和审批后方可施工。

3 若桥面有较厚的混凝土或水泥浆残渣,应采用凿毛风镐或专用铣刨等设备进行清除;所有桥梁顶面须进行凿毛处理(图 7.1.2-1),去除表面松散的混凝土、浮浆及油迹等杂物,采用空压机及高压水枪将梁顶面冲洗干净。

4 设置有预埋桥面抗剪钢筋的,应将抗剪钢筋扳起并严格控制高程,再铺设铺装层钢筋网。钢筋网应采用成品焊接网片。成品焊接网片进场应经验收合格后方可使用。成品钢筋网搭接时应采用平搭,搭接长度满足设计要求,并在搭接长度的头尾、中心采用扎丝绑牢,严禁采用焊接(图 7.1.2-2、图 7.1.2-3)。

图 7.1.2-1　桥面铺装凿毛

图 7.1.2-2　桥面铺装钢筋安装

图 7.1.2-3　桥面铺装钢筋保护层检查台车

5　梁顶无抗剪钢筋的应采用高强度垫块按规范间距支垫。设计保护层厚度超过垫块厚度的应采用架立钢筋支撑。

6　横桥向采用分两次浇筑或先行浇筑标高带的应安装侧面模板,模板必须设置钢筋孔,横向钢筋应在设计规定的高度穿过模板,严禁将钢筋安放在模板底面。

7 桥面铺装施工应采用摊铺机沿护栏顶轨道或桥面标高带的工艺。三车道及以下应全幅摊铺;四车道及以下可分幅摊铺,纵向接缝设置于标线处。混凝土护栏顶高程和线形应准确,铺设槽钢或角钢作为摊铺机的行走轨道。桥面标高带宽度应不在行车范围,宽度控制在0.3~0.5m为宜。

8 混凝土浇筑前应对梁顶面进行充分湿润,但不应有积水。同时应将伸缩装置预留槽口的位置采用木模或槽钢封好。

9 混凝土浇筑应避开高温时段及大风天气,避免造成混凝土表面干缩过快而导致表面开裂。

10 混凝土应连续浇筑,且应从低处向高处方向进行。人工局部补料、摊铺时,应采用铁锹反扣,严禁抛掷和搂扒,靠边角处应采用插入式振动器辅助布料。采用三滚轴整平时应注意混凝土面是否与滚筒严密接触,设置专人处理轴前料位的高低情况,三滚轴滚压振实料位高差宜高于导轨顶面5~10mm,过高时应铲除,过低应及时补料,振动梁操作时,应设专人控制振动行驶速度(图7.1.2-4)。

图7.1.2-4 桥面铺装混凝土施工

11 振动梁作业完毕后,宜采用抹面机进行抹面。采用人工抹面的,应在作业面上架立人工操作平台,作业工人在操作平台上采用木抹进行第一次抹面,并采用短木抹找边。第一次抹面应将混凝土表面的水泥浆排出,并应控制好大面平整度。

12 待混凝土处在临界初凝期应采用磨光机第二次收浆、抹面,先使用大盘收浆、平整和压实混凝土,然后采用小盘纵横向多道抹面精平消除印记。二次抹面时应控制好局部平整度(图7.1.2-5)。

13 混凝土在二次抹面后,应采用拉毛台车进行表面拉毛处理(图7.1.2-6),然后采用土工布进行覆盖养生,宜采用自动喷淋装置进行养生。初期养生时不宜洒水过多,待混凝土终凝后,再浸水养生,养生期应不少于7d,养生期内严禁车辆通行或放置材料重物。

图7.1.2-5　桥面磨光机

图7.1.2-6　拉毛处理

7.1.3　质量控制

1　桥面铺装的厚度应满足设计和规范要求,并应避免出现桥面空壳现象。

2　铺装层表面无脱皮、印痕、裂纹、石子、钢筋外露等缺陷。

3　混凝土未达到足够强度前,车辆不得通过。

4　浇筑过程中和表面硬化之前严禁踩踏已成型的混凝土表面,可设置跳板供养生覆盖操作人员使用。

5　严格控制钢筋网片保护层厚度,应按设计位置安装钢筋,避免出现铺装层开裂。

6　桥面泄水孔的进水口应略低于桥面面层,其数量不得低于设计要求。

7.1.4　安全环保

1　尚未施作防撞护栏的应在桥梁边缘设置安全网,桥头设安全责任、警示标牌,施工人员进场必须戴安全帽,在桥梁边缘作业的工人配备安全带。

2　应设专职电工每天对用电设备、线路进行全面检查。

3　桥头应设置栅栏,非施工人员和外来车辆不得入内,避免压坏已铺好的钢筋网。

7.2　垫石及支座安装

7.2.1　一般规定

1　本节内容适用于支座垫石施工和盆式(板式)橡胶支座的安装施工,其他类型的支座安装可根据各自的特点参照执行。

2　支座垫石施工应采用四角可调节高度的定型钢模,支座垫石高程应进行认真复核,并在施工过程中严格控制垫石平整度,加强混凝土初期养生,确保垫石混凝土强度、密实度和平整度满足安装要求。

3 由生产厂成套提供的支座,应要求生产厂将上下钢板进行热浸镀锌;螺栓、螺母、垫圈也应进行热浸镀锌,并应清理螺纹。热浸镀锌防锈处理应按相应规范要求执行。

4 应根据梁体混凝土浇筑时的温度、预应力张拉、混凝土收缩与徐变对梁长的影响,计算相对于设计支撑中心的预偏值,确定活动支座上滑板中心的位置。

5 对于特殊形式和特殊规格的支座,在垫石施工之前应与生产厂及时沟通,核对支座的相关尺寸和预埋件。

6 支座安装后应及时检查,荷载变化时加强检查频率,发现支座受剪或位置偏移时及时调整。

7 严格执行支座安装报验程序,施工前对作业人员进行详细技术交底,技术人员跟踪指导,落实责任,确保安装质量。

7.2.2 施工要点

1 垫石和支座安装施工流程:测量放样→支座垫石钢筋绑扎→安装模板(支座预埋件安装)→浇筑混凝土→养生→支座安装放样→支座安装→检查验收。支座垫石施工如图 7.2.2-1所示。

图 7.2.2-1 支座垫石施工

2 支座垫石施工应满足以下要求:

1)支座垫石施工之前,应做好支座垫石位置处混凝土的凿毛工作。

2)应计算复核支座垫石的中心位置、设计高程(尤其是弯、坡、斜桥),调节定型钢模四角顶面高程,严格控制支座垫石顶面高程,保证中心位置、设计高程在规范允许的误差范围之内。垫石高程宁低勿高,避免主梁侵占桥面铺装,高程过低的应通过钢板调整。

3)施工过程中,应严格控制支座垫石位置处预埋钢筋网片的数量和预埋质量。

4)支座垫石混凝土浇筑前,应用水充分湿润支座垫石位置处,施工中应采取可靠措施保证混凝土振捣密实,同时,应做好垫石混凝土表面的收浆抹面工作,保证表面平整。

5)支座垫石宜采用细石混凝土进行施工,混凝土的强度应满足设计要求。

6)支座垫石在收浆抹面结束后应采用潮湿土工布覆盖,滴灌养生时间应不少于 7d。支座垫石不宜在冬期浇筑施工,必须在冬期浇筑施工时,应对混凝土采取严格的保温措施。

3　支座安装应满足以下基本要求:

1)支座安装前,应对支座垫石进行复测,放出支座纵横向十字中线,用墨线标出支座安放的准确位置。

2)安装前应检查支座的型号、规格及外观,滑动支座应检查滑动面上的四氟滑板和不锈钢板是否有划痕、碰伤等;盆式橡胶支座应检查橡胶块与盆底间有无压缩空气,若有应排除空气,保持紧密。

3)安装前应将墩、台支座垫石顶面和梁底面清理干净并进行风干。

4)确定安装方向;若支座与梁之间存在间隙确实需要调整,可垫大于支座受压面积的钢板,所垫钢板应进行热浸镀锌处理,且每个支座上最多只能垫一块钢板。

4　板式橡胶支座安装应满足以下要求:

1)固定支座安装时,应确保其下表面与支座垫石顶面接触严密,支座高程及平整度满足要求。

2)整体板式滑动支座安装时,应先在四氟板表面涂硅油,可采用钢筋或钢板将支座上、下钢板作临时固定,使落梁时支座上、下钢板不出现相对滑动。防尘罩应及时安装。

3)对先简支后连续的桥梁,临时支座的高程应比永久支座的顶面高程高出2mm。临时支座应采用砂筒(图7.2.2-2)或砂箱,且应经试压合格后方可使用。支座安装完成后及时拆除。

图7.2.2-2　砂筒

4)梁、板吊装时,应采取有效措施防止对支座产生偏压或产生过大初始剪切变形。梁、板的就位应准确且其底面应与支座顶面密贴,否则,应将梁、板吊起,对支座进行重新调整安装。

5　盆式橡胶支座安装应满足以下要求:

1)安装前确认支座类型、安装方向,安装后解除临时锁定装置。盆式橡胶活动支座的安装错位量和方向应由设计单位及厂家根据安装时气温条件提供相应数据。

2)盆式橡胶活动支座安装前,宜采用丙酮或酒精仔细擦洗各相对滑移面,并在聚四氟乙烯板的储油槽内注入硅脂类润滑剂。

3）盆式橡胶活动支座安装就位后，应将支座上、下钢板之间采用钢筋或钢板连接，进行临时锁定，以防施工过程中发生错位，锁定应在预应力张拉前解除。

4）盆式橡胶支座安装采用地脚螺栓连接时，支座纵横轴线位置对正后，将支座就位并调整水平。待复检合格后在螺栓的预留孔中灌入环氧树脂砂浆，环氧树脂砂浆完全凝固后再拧紧螺母。地脚螺栓露出螺母顶面的高度不得大于螺母的厚度。

5）盆式橡胶支座安装采用焊接连接时，应在支座顶板和底板相应位置处预埋钢板，支座就位后可采用跳跃式连续焊接法将支座上下钢板与预埋钢板焊接在一起。焊接时应采取有效降温措施。

6 支座安装后，应及时清理杂物，并对支座所有外露钢结构部分进行防锈处理，且应及时加装支座防尘护罩。

7 施工单位、监理工程师应对每一跨（孔）及时组织支座安装质量检查，及时发现问题并整改，经复查合格后，方可进行下一道工序施工，确保按照设计图纸要求完成支座安装。

7.2.3 质量控制

1 顺桥向相邻墩台高程不同时，同一片梁两端支座垫石顶面高程相对误差不得超过3mm。

2 支座垫石的混凝土强度应满足要求，表面应平整、无裂缝、露筋、空洞及蜂窝，高程、几何尺寸应准确。预埋钢板不应出现悬空现象。对有裂缝、高程或几何尺寸偏差超过允许值以及混凝土强度不满足要求的支座垫石，应返工处理，不得进行修补或加固。

3 支座应在工厂组装好后整件运输到工地，为保证运输过程中支座的整体性，应用临时定位装置将支座各部件连接起来。

4 梁、板底面和垫石顶面的钢垫板应埋置稳固。垫板与支座间应平整密贴，四周间隙不得大于0.3mm，并应保持清洁。

5 支座的规格型号应正确、安装位置应准确、滑动支座滑动方向应正确，安装后支座应能均衡受力。

6 应对支座的安装质量逐个进行检查，防止出现脱空、偏压、变形、方向不对等问题，若有问题应及时调整。

7 应定期检查支座防尘罩是否破坏脱落，如发现问题应及时恢复。

7.2.4 安全环保

垫石施工和支座安装高空作业时宜利用墩台帽施工作业的安全防护设施。

7.3 桥面排水

7.3.1 一般规定

1 本节适用于泄水管、PVC-U（硬质聚氯乙烯）排水管、钢管排水管的施工。

2　桥面采用垂直排水形式时,排水口下端应低于梁底面至少10mm,防止梁底被雨(污)水污染。跨线桥、跨水源保护区桥梁不得采用垂直排水形式,排水口宜设置沉淀池或油水分离池。

3　桥面排水时,其出水口不应直接冲刷桥体、锥坡和护坡,宜设置引水管道至桥下排出。

4　桥面泄水孔的进水口应略低于桥面面层,其数量不得低于设计要求;泄水孔下周围10m范围内有房屋、通道的,必须设置引水管道至桥下排水沟。

7.3.2　施工要点

1　泄水管安装应满足以下要求:

1)泄水管安装时应以桥面高程为控制点,并应严格按照控制点高程进行施工。泄水管安装后其进水口应略低于桥面面层。

2)泄水管内表面和外露表面应进行防腐处理。

3)泄水管安装完成后,应保证泄水管与预留孔紧密结合不渗水。

4)泄水管格栅盖板铺设前,应将沟槽内杂物清洗干净,最后进行盖板的铺设。

5)疏通泄水孔时,应首先确定孔道准确位置,由外向内清除堆积物。严禁采用猛烈敲击或随意钻孔的方式清(凿)孔。

2　PVC-U排水管安装应满足以下要求:

1)PVC管黏结时应将承口和插口上面的尘土和油污擦干净,不得有水。胶水的涂刷应均匀,插口插入后应迅速调整好管件的角度,避免胶水干燥后无法转动。粘连时应注意预留口方向。

2)排水管道应先安装横管,再安装立管,检查合格后方可进入下道工序施工。

3)管道黏结牢固后应立即将溢出的黏结剂擦拭干净。

3　钢管排水管安装应满足以下要求:

1)钢管的内表面及外露表面应在除锈后进行防腐处理。

2)应按设计要求先行安装好钢管卡箍,钢管的安装应遵循先装大口径、总管、立管,后装小口径、分支管的原则。

3)应按顺序安装,避免出现跳装、分段装,避免出现管段之间连接困难,影响管路整体。

4)管道焊接时应采取分层多道的施焊方法,一般不少于2层。钢管焊接、安装完毕后,应对焊接损伤处补刷防腐涂料,面漆应选用和上部箱梁相近的颜色。

5)穿桥面的立管应进行二次灌浆封堵及防水。

4　碎石盲沟应采用小型摊铺机配合人工铺设碎石,外观应整齐顺适,平面几何尺寸应满足规范和设计要求。

7.3.3　质量控制

1　钢管表面应无显著锈蚀,无裂纹,卷焊钢管无扭曲损伤,不应有焊缝根部未焊透的现象，表面不应有机械操作损伤和超过壁厚度偏差的凹陷，卷管的周长偏差及椭圆度不应超过规定。

2 所有焊接材料应具有合格证，焊条应按有关规范要求烘干，焊条药皮应无脱落和显著裂纹。

7.3.4 安全环保

1 宜采用桥检车或者高空作业车施工桥面排水管，且施工人员进场必须正确佩戴安全帽和安全带。

2 高空作业车或桥检车施工时周围应设置安全防护措施。

7.4 护栏

7.4.1 一般规定

1 完成有关护栏的施工技术文件和施工方案编制并经审核批准。

2 施工技术人员和工人已全部到位，并进行技术交底，明确质量、安全、工期、环保等要求。

3 施工前测量放样应已完成，并经监理工程师检验合格。

4 宜先施工护栏后进行桥面铺装层施工，若先施工桥面铺装层的，应在桥面铺装层混凝土强度达到设计要求且养生期结束后方可开始进行护栏施工。

5 施工前，应对防撞护栏的预埋钢筋进行复检，对缺、漏、错位的钢筋应采取措施整改到位后方可进行施工。

6 混凝土护栏的模板应采用复合钢模（宜加贴全新的不锈钢板），由具有相应生产资质的厂家制作，且须经监理到场验收合格后方可进场。钢模面板厚度应不小于6mm。宜采用整体式台车安装和拆卸模板（图7.4.1）。整体式台车需专门设计，具备自动行走功能，安装吊篮和配重系统。

图7.4.1 护栏模板安装台车

7.4.2　施工要点

1　混凝土护栏施工工艺流程:放样→凿毛、预埋钢筋调整→钢筋绑扎→模板安装→浇筑混凝土→拆模、养生(图7.4.2-1)。

a)钢筋绑扎

b)护栏模板安装机

c)土工布覆盖养生

d)护栏成品

图7.4.2-1　护栏施工

2　对于直线段的放样,应间隔不超过10m测1个护栏内边缘点,曲线段应根据实际计算确定,间隔不超过3m。护栏应采用放样双线(护栏内边线和校核线),双线间隔宜为100mm,立模时可根据校核线进行迎撞面模板平面位置和线性调整,保证护栏线形顺畅。

3　如以桥面铺装层作为护栏的高程的控制基准面,应先对桥面铺装层进行检验,在保证护栏竖直度的同时应保证其顶面高程的准确。

4　护栏钢筋应采用圆饼形高强度砂浆保护层垫块,垫块数量为每平方米不少于4个。

5　泄水管、伸缩装置等预留槽口应事先加工好相应模具,伸缩装置预留槽口模具应考虑伸缩装置安装高度,模具宜采用钢模或竹胶板制作,严禁采用泡沫材料,护栏模板安装时应将预留槽口模具准确定位、牢固固定。

6　模板应采用整体式钢模,长度宜为2~2.5m(匝道1.25m),断缝应采用易于拆除的三钢板法断开(图7.4.2-2)。在伸缩缝处应预留槽口,便于伸缩缝安装。

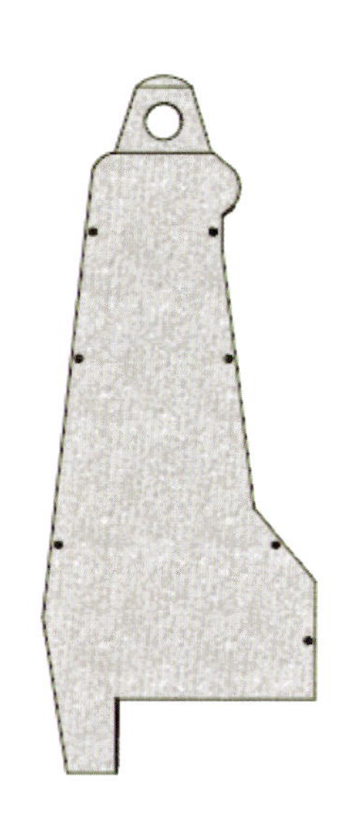

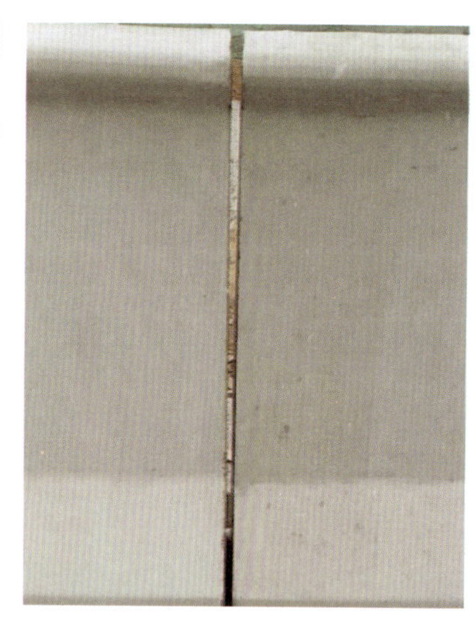

图7.4.2-2 护栏断缝处采用三片式钢板真缝处理

7 模板拆除的同时应立即进行假缝的切割，在跨径长度内按护栏模板长度的整数倍(约5m)切缝，缝深10mm、缝宽5mm。

7.4.3 质量控制

1 护栏面和接缝处不得有开裂现象，对错台、平整度、外观质量问题要及时处理，应保证颜色一致。

2 护栏全桥线形直线段顺直，曲线段弧形圆顺，无折线和死弯。顶面平顺美观、高度一致。

3 护栏表面应平整、密实、无裂缝、露筋、空洞和蜂窝。

4 防撞护栏上的钢构件应焊接牢固，焊缝应满足设计和有关规范的要求，并应按设计要求进行防护。

5 防撞护栏施工时预埋件的位置应准确，并采取措施固定牢固。

7.4.4 安全环保

1 桥梁边缘应设置栏杆，挂安全网，施工人员进场必须戴安全帽，在桥梁边缘作业的工人必须系安全带。

2 合理布置施工场地，在左右幅中间布设引水管道。材料应分类集中堆放，做到场地整齐。施工废料应单独集中堆放并及时处理。

3 做好临时泄水孔，避免桥面积水。

7.5 伸缩缝

7.5.1 一般规定

1 伸缩缝必须根据当时现场气温计算的伸缩值进行安装。拼宽桥梁的伸缩缝按设计要求安装,做好锚固区混凝土界面处理。安装要求应符合《公路工程质量检验评定标准　第一册　土建工程》(JTG F80/1—2017)第8.12节的要求。

2　有纵坡的沥青混凝土路面伸缩缝,宜在较高一侧路面边沿设置排水口,用以排除因被伸缩缝钢纤维混凝土阻挡的沥青路面层间水。

3　伸缩缝可由建设单位统一采购、统一管理。采购伸缩缝时,采购或合同文件应要求材料供货单位提交质量承诺书,明确产品保质期,承诺在保质期内产品本身出现质量问题时,供货单位应无条件免费维修或更换。伸缩缝应由厂家或专业队伍到现场负责安装施工。

4　伸缩缝应采用不低于Q345C的低合金高强度结构钢,其化学成分、力学性能和工艺性能应满足现行《低合金高强度结构钢》(GB/T 1591)的要求;模数式伸缩的异型钢应采用热轧一次成型工艺,其中中梁单位长度重量不小于45kg/m,边梁单位长度重量不小于19kg/m,支承横梁尺寸应不小于60mm×120mm×500mm,位移箱、支承箱采用钢板的厚度应不小于20mm,位移箱间距不得大于1000mm,两侧位移箱至端部间距不得大于500mm。

5　单幅两车道桥梁伸缩缝应通长布设,不允许拼接;单幅三车道宜通长布设。若采用拼接方式,单幅三车道及加减速车道伸缩缝接缝应避开主车道和轮迹带,宜在厂家全幅拼接后运至现场进行安装,确保拼接质量;接缝的焊接应采用3片20mm厚钢板进行帮焊连接(两侧和底面),钢板材质应符合现行国家标准的规定,并与伸缩缝一并运至工地现场。伸缩缝焊缝应进行焊缝验收。

6　禁止使用普通梳齿板伸缩缝;对于有多向变位伸缩要求的桥梁,可优先考虑使用单元式多向变位梳形板桥梁伸缩缝。

7　钢纤维混凝土应满足以下要求:

1)钢纤维掺量应不小于65kg/m^3。

2)混凝土应采用强制式滚筒搅拌机拌制,保证钢纤维分布的均匀性和结构的连续性。混凝土现场坍落度宜控制在80~100mm,不得使用商品混凝土。

3)浇筑施工应采用机械振捣。浇筑应在一个规定连续浇筑的区域内,浇筑施工过程不得中断。

4)浇筑后的混凝土的表面必须与沥青和板面同在一平面内,误差必须控制在-2~0mm内,否则进行返工处理。

8　预留槽应满足以下要求:

1)无论是水泥混凝土还是沥青混凝土桥面,均应采用反开槽施工。

2)伸缩缝预留槽在铺设沥青混凝土路面之前,应用沥青混凝土填平,缝底垫衬板。

3)应在桥面铺装前检查和整改预留槽宽度,预埋钢筋定位准确,缺筋处应植筋,经验收合格方可进入下道工序。

4)伸缩缝开槽应顺直,且确保槽边沥青铺装层不悬空,层下混凝土密实。混凝土浇筑后覆盖保湿养生不少于7d,混凝土强度达到设计强度前不得开放交通,确需开放交通的应搭临时钢栈桥(图7.5.1)。

图7.5.1　临时行车的钢栈桥

7.5.2　施工要点

1　伸缩缝施工工艺流程：预留槽口放样→切割预留槽→清除槽口内杂物→调整预留钢筋→安放伸缩装置→锁定、绑扎钢筋→浇筑混凝土→养生。

2　模数式、毛勒式伸缩缝安装技术与工艺应满足以下要求：

1）伸缩缝安装之前复核梁端预留宽度并在设计宽度和安装温度下安装，应用专用卡具将其固定。

2）应用水平尺检查伸缩缝顶面高度与桥面沥青铺装高差是否满足要求，伸缩缝宜比桥面沥青铺装低约2mm。伸缩缝混凝土模板应严格安装，确保不漏浆。

3）伸缩缝平面位置及高程调整好后，用两台电焊机由中间向两端将伸缩缝的一侧与纵向预埋筋点焊定位；如果位置、高程有变化，应边调边焊，且每个焊点焊长不小于50mm，点焊完毕再加焊，点焊间距应控制在小于1m；焊完一侧后，用气割解除锁定，调整伸缩缝在某温度下的上口宽度，上口宽度调整正确后，焊接所有连接钢筋（图7.5.2-1）。

图7.5.2-1　伸缩缝安装

4)浇筑混凝土前应将间隙填塞,防止浇筑混凝土把间隙堵死,影响伸缩。应采取措施防止混凝土渗入模数式装置位移控制箱内或密封橡胶带缝中及表面上,如果发生此现象,应立即清除,然后进行正常养生。

3　单元式多向变位梳形板桥梁伸缩装置安装应满足以下要求:

1)应根据要求切割、开挖清理出伸缩装置安装槽口区内的混凝土层及杂物。开挖时不得破坏缝区边沿桥面的平整度;不得破坏缝区以外的路面。

2)应整理预埋钢筋使其平顺,并根据预埋钢筋实际尺寸确定伸缩缝体安装的详细方案。若槽中无预埋筋或预埋钢筋位置不正确则应植筋加固,植筋的位置、规格、数量、锚固深度、抗拔力等应满足设计和规范要求。

3)伸缩缝安装螺栓组吊装就位时应使其安装中心线与梁端预留间隙中心线对正,其长度应与缝区的长度对正,直线度满足1.5mm/m。

4)应采用吊装设备使安装螺栓组的上顶面与桥面高程一致,并根据拉线调整伸缩缝体的直线度。应检查伸缩缝的间隙是否符合设计要求,如不符合,应使用千斤顶、专用夹具、撬棒等工具调整至设计尺寸。符合设计要求后,将安装螺栓组与预埋钢筋焊接固定。安装螺栓组的螺栓上表面与路面高程误差应控制在-3～-2mm范围内,整体范围内不能有肉眼可见的弯曲。

5)应在焊接好的U形螺栓托架上支设模板并安装伸缩橡胶止水带和微调螺母。

6)在浇混凝土之前,必须由专人复检模板是否牢固,是否有漏洞,将缝区两侧1m范围内的路面清扫干净,并用塑料薄膜或其他材料覆盖。

7)在缝区内喷洒适量水,先浇筑底部及梳形板下的混凝土,混凝土沿两边槽区堆高,用插入式振捣棒严格按要求快插慢拔、均匀振捣。待混凝土完全振捣密实后将混凝土上表面以微调垫圈上表面为基准刮平,铺设转角橡胶垫、缓冲垫和不锈钢滑板。

8)通过螺栓组安装梳齿板和多向变位铰,调整两梳形板梳齿之间的间隙后,安装螺丝必须用加力杆一次性拧紧。

9)待混凝土强度达到后,拧紧螺母并在沉孔内灌注环氧树脂(图7.5.2-2)。

图7.5.2-2　灌注环氧树脂

7.5.3　质量控制

1　伸缩装置的锚固应牢靠、不松动，伸缩性能有效。

2　伸缩装置两侧过渡段的混凝土无开裂现象，梁端缝隙无混凝土、碎石等杂物堵塞。

3　伸缩装置应无阻塞、渗漏、变形、开裂等现象，不符合要求时应进行整修。伸缩装置处不得积水。

4　伸缩装置两侧混凝土的类型和强度，应符合设计要求。

5　在伸缩装置安装完成后，护栏预留的槽口应及时修补，保证护栏平顺，颜色一致。

7.5.4　安全环保

1　桥面伸缩缝施工时，应封闭并分左、右幅施工，做好安全警示标识，注意来往施工和过往车辆的安全。

2　所有伸缩缝材料应放置在封闭区内，平放防晒，加设防撞措施。

3　为防止施工污染桥面，从伸缩缝槽口两端沿桥纵向应铺上足够长度、宽度的彩条布。伸缩缝完成后，应对污染、损坏的桥面系、盖梁、台帽、桥下进行彻底清理、修理。

7.6　搭板和锥坡

7.6.1　一般规定

1　台背回填已完成并符合要求，具体施工细则详见本指南相关章节和"路基工程"分册。

2　应对桥头搭板(埋板)处路基进行测量，保证高程、横纵坡、平整度符合要求，并经弯沉检测合格后方可施工搭板。

3　应对桥头锥坡进行放样、清表，用坡度尺检查坡度。

4　桥台前护坡应设置检修平台，桥台两侧锥坡应在与路基交界处设置踏步，踏步应与检修平台平顺连通。完善桥台、锥坡等截排水设施，防止雨水冲刷锥坡。

7.6.2　施工要点

1　桥头搭板应与桥面铺装同时施工。肋式桥台台背回填与锥坡应同时填筑。

2　桥头搭板(埋板)施工工序：施工放样→基层高程测量→人工修整底基层、找平→做承载力试验→安装钢筋、立模→检查→混凝土浇筑→拉毛→养生。

3　桥头锥体护坡施工工序：施工放样→刷坡→挂线、找平、修整坡面→检验承载力→砌筑。

4　锥体填土应按设计高程和坡度填筑到位，根据砌筑片石(预制块)厚度，不够时再进行刷坡；当坡面土小部分不足时，不得进行回填(图7.6.2)。

5　石砌锥坡应在坡面或基面夯实、整平后方可开始施工。砌筑时要挂线施工。

6　片石护坡的外露面和坡顶、边口，应选用较大、较平整并略加修凿的石块。浆砌片石护坡的石块应相互咬接，砌缝砂浆饱满，缝宽宜小。

图7.6.2　桥台锥坡施工

7.6.3　质量控制

1　桥头搭板钢筋绑扎时钢筋下的垫块数量应确保钢筋下部的保护层厚度符合设计要求。

2　锥、护坡砌筑片石厚度应满足设计要求,施工时应采取挤浆法施工工艺,确保砂浆的饱满度。

7.6.4　安全环保

1　搭板施工区前后20m应各设置路障,严禁外来车辆进入。

2　浆砌片石施工时,严禁坡顶抛扔片石。

8 施工风险管理

8.1 施工安全风险评估

8.1.1 风险评估范围

1 应根据现行《公路水运工程施工安全风险评估指南》(JT/T 1375)和《公路水运危险性较大工程专项施工方案编制审查规程》(JT/T 1495)的相关规定,由各项目根据工程建设条件、技术复杂程度和施工管理模式以及当地工程建设经验明确进行风险评估范围。

2 桥梁工程风险评估范围包括:

1)多跨或跨径大于40m的石拱桥、跨径大于或等于150m的钢筋混凝土拱桥、跨径大于或等于350m的钢箱拱桥以及钢桁架、钢管混凝土拱桥。

2)跨径大于或等于140m的梁式桥、跨径大于400m的斜拉桥、跨径大于1000m的悬索桥。

3)墩高或净空大于100m的桥梁工程。

4)采用新材料、新结构、新工艺、新技术的特大桥、大桥工程。

5)特殊桥型或特殊结构桥梁的拆除或加固工程。

6)施工环境复杂、施工工艺复杂的其他桥梁工程。

8.1.2 风险评估方法

1 桥梁工程施工安全风险评估分为总体风险评估和专项风险评估。

1)总体风险评估。桥梁工程开工前,应根据桥梁工程的地质环境条件、建设规模、结构特点等孕险环境与致险因子,估测桥梁工程施工期间的整体安全风险大小,确定其静态条件下的安全风险等级。

2)专项风险评估。当桥梁工程总体风险评估等级达到Ⅲ级(高度风险)及以上时,应将其中高风险的施工作业活动(或施工区段)作为评估对象,根据其作业风险特点以及类似工程事故情况,进行风险源普查,并针对其中的重大风险源进行量化估测,提出相应的风险控制措施。

2 评估方法应根据被评估项目的工程特点,选择相应的定性或定量的风险评估方法。具体风险评估方法的选择,可参照现行《公路水运工程施工安全风险评估指南》(JT/T 1375)。

8.1.3 风险评估步骤

1 公路桥梁工程施工安全风险评估工作包括制定评估计划、选择评估方法、开展风险分析、进行风险估测、确定风险等级、提出措施建议、编制评估报告等方面。

2　评估步骤一般为:开展总体风险评估、确定专项风险评估范围、开展专项风险评估、确定风险控制措施。

1)开展总体风险评估。应根据设计阶段风险评估结果(若有),以及类似结构工程安全事故情况,用定性与定量相结合的方法初步分析本项目孕险环境与致险因子,估测施工中发生重大事故的可能性,确定总体风险等级。

2)确定专项风险评估范围。总体风险等级在Ⅲ级(高度风险)及以上的桥梁工程,应纳入专项风险评估范围。评估小组应根据总体风险评估情况,提出专项风险评估中需要重点评估的风险源。其他风险等级的桥梁工程,也应视情况确定是否开展专项风险评估。

3)开展专项风险评估。通过对施工作业活动(施工区段)中的风险源普查,在分析物的不安全状态、人的不安全行为的基础上,确定重大风险源和一般风险源。宜采用指标体系法等定量评估方法,对重大风险源发生的事故的概率及损失进行分析,评估其发生重大事故的可能性和严重程度,对照相关风险等级标准确定专项风险等级。

4)确定风险控制措施。根据风险接受准则的相关规定,对专项风险等级在Ⅲ级(高度风险)及以上的施工作业活动(施工区段),应明确重大风险源的监测、控制、预警措施以及应急预案。其他风险等级的桥梁工程可根据工程实际情况,按照成本效益原则确定相应的风险控制措施。

8.1.4　风险评估组织与评估报告

1　风险评估牵头单位及参加单位。公路桥梁工程施工安全风险评估工作原则上由项目施工单位具体负责。当被评估项目包含多个合同段时,总体风险评估应由建设单位牵头组织,专项风险评估工作仍由合同施工单位具体实施。当施工单位的经验或能力不足时,可委托行业内安全评估机构承担相应风险评估工作。

2　风险评估机构和人员的要求。评估工作负责人应当具备5年以上的工程管理经验,并有参与类似工程施工的经历。

3　评估报告的内容。风险评估报告是施工安全风险评估过程的记录,应反映风险评估过程的全部工作,报告内容应包括评估依据、工程概况、评估方法、评估步骤、评估内容、评估结论及对策建议等。评估结论应当明确风险等级、可能发生事故的关键部位、区域或节点、事故可能性等级、规避或者降低风险的建议措施等内容。

8.1.5　实施要求

1　施工单位应根据风险评估结论,完善施工组织设计和危险性较大工程专项施工方案,制定相应的专项应急预案,对项目施工过程实施预警预控。专项风险等级在Ⅲ级(高度风险)及以上的施工作业活动(施工区段)的风险控制,还应符合下列规定:

1)重大风险源的监控与防治措施、应急预案应经施工单位技术负责人和监理工程师审批后,由建设单位组织论证或反复评估。

2)施工单位应建立重大风险源的监测及验收、日常巡查、定期报告等工作制度,并组织实施。

3)施工单位项目经理或技术负责人在工程施工前应对施工人员进行安全技术教育与交底。施工现场应设立相应的危险告知牌。

4)应适时组织对典型重大风险源的应急救援演练。

5)当专项风险等级为Ⅳ级(极高风险)且无法降低时,必须提高现场防护标准,落实应急处置措施,视情况开展第三方施工监测。未采取有效措施的,不得施工。

2　监理工程师在审查工程施工组织设计文件、危险性较大工程专项施工方案、应急预案时,应同时审查施工安全风险评估报告。无风险评估报告,不得签发开工令。

3　工程开工后,监理工程师应督查施工单位安全风险控制措施的落实情况,并予以记录。对施工中存在的重大隐患应及时指出并督促整改,对施工单位拒不整改的,应及时向建设单位和公路工程安全生产监督管理部门报告。

4　风险评估报告经监理工程师审核后应向建设单位报备。建设单位应对极高风险(Ⅳ级)的施工作业,组织专家或安全评估机构进行论证或反复评估,提出降低风险的措施建议;当风险无法降低时,应及时调整设计、施工方案,并向公路工程安全生产监督管理部门备案。

5　各市高指履行施工安全监督检查职责时,应将施工安全风险评估实施情况纳入检查范围。对极高风险(Ⅳ级)的施工作业应切实加强重点督查。

6　桥梁工程施工安全风险评估应遵循动态管理的原则,当工程设计方案、施工方案、地形地貌、水文地质、施工队伍等发生重大变化时,应重新进行风险评估。

7　施工安全风险评估工作费用可在项目安全生产费用中列支。

8　夜间施工参考交通运输部《关于进一步加强夜间施工质量安全管理工作的通知》。

9　雨季施工时应编制雨季施工方案,制定防洪抗汛预案,作为雨季施工中的强制性执行文件,严格执行;应成立抗洪防汛领导小组,建立雨季值班制度。在雨季来临之前,施工单位应建立雨季施工领导小组,责任到人、分片包保。在雨季施工期间应定期检查,严格雨季施工“雨前雨中雨后”三检制,对发现的问题应及时整改;施工单位应成立防洪抢险突击队,平时施工作业,雨时防汛抢险。每个施工现场均要备足防汛物资,包括雨衣雨鞋、铁锹、草袋、水泵、照明等,做到人员设备齐整、措施有力落实到位,防洪抢险专用物资任何人不得随意调用。

8.2　构建双重预防机制

8.2.1　风险分级管控具体工作要求

1　应建立重大风险分布图、风险明细表、每月动态风险辨识清单等,并明确风险等级划分标准和方法[LEC(作业条件危险性分析法)或矩阵法]。

2　推进“双控”机制有效建设,强化安全风险分级管控措施,切实推动安全生产工作关口前移,根据《公路桥梁和隧道工程施工安全风险评估指南(试行)》《高速公路路堑高边坡工程施工安全风险评估指南(试行)》《公路水运行业安全生产风险辨识评估管控基本规范(试行)》(交办安监〔2018〕28 号)、现行《铁路建设工程风险管理技术规范》(Q/CR-9006)、《大型工程技术风险控制要点》(建质函〔2018〕28 号)等规定实施,风险等级划分标准和方法参照规定。

3　工程开工前,应由建设单位牵头组织相关人员进行图纸和现场条件的审查,对项目施工潜在的风险进行逐项逐条辨识,并形成项目总体风险清单,根据工程实际变化,应动态调整总体风险清单。项目总体风险清单参照低度风险(蓝色)、中度风险(黄色)、高度风险(橙色)、极高风险(红色)标准进行等级划分。项目对高度(橙色)及以上风险应制定专项施工方案、应急预案,开展施工监测与预警、提高现场防护条件、加强安全技术交底和危险告知等措施,防止险情或事故发生。安全标志及防护参照现行《公路工程施工安全标志设置规范》(JT/T 1507)和《公路工程施工现场安全防护技术要求》(JT/T 1508)的要求执行。

4　施工过程中,项目经理应至少每月组织召开一次风险动态辨识管控会议,根据下月施工计划,重新梳理辨识施工过程中存在的风险,并制定有效管控措施,明确管控责任人。

5　项目总工应对下月存在的风险、相对应的管控措施及责任人进行全面的交底培训,现场技术员应针对下月存在的风险对各班组长进行风险交底,并督促各班组长结合班前教育十分钟对一线作业人员进行风险告知。项目部安全部应对风险管控措施落实情况进行监督。

6　项目部应对高度(橙色)及以上风险施工实行全过程领导带班作业,对极高(红色)风险项目主要领导应亲自进行把关,从方案制定、过程实施、措施落实、应急准备全过程管理。带班领导要做到熟悉图纸、方案内容、致险因子、防范措施以及应急处置内容。

8.2.2　隐患排查治理具体工作要求

1　应明确开展隐患排查的方式和频次,并建立隐患治理"四项清单"(隐患清单、整改清单、销号清单、制度措施)等。

2　安全检查的主要形式有:验收性检查、定期检查、专项检查、经常性检查、季节性检查,具体要求如下:

1)开(复)工前安全检查。新项目开工前和在建项目停工后复工前,应由监理单位组织施工单位等相关单位和部门进行工地的全面检查,核查项目是否具备安全生产条件,如发现问题应及时督促整改,符合安全生产条件的方可开(复)工。

2)定期检查。工程参建单位开展检查时,应由其主要负责人牵头组织。定期检查应明确检查频率,重点检查重大危险源的安全防范技术措施和现场安全防护措施的落实情况。建设单位宜每季度组织不少于 1 次的检查,监理单位宜组织每两个月不少于 1 次的检查,施工单位应组织每月不少于 1 次的全面检查,施工班组每日应对施工生产进行检查。

3)专项检查。专项检查分为内业检查和外业检查。其中,内业检查可分为保证专项检查和一般项检查。

4)季节性检查。检查内容可根据施工安全敏感时间段(如冬季、雨季、放假时间较长的节假日等)确定,同时,应对该时间段的安全注意事项(如防滑、防冻、防坍塌、防火、防中毒、防坠落、防疲劳、防思想松懈等)提前布置并加强检查。

5)验收性检查。主要检查对象是施工现场新搭设的脚手架、物料提升机、施工用电、塔式起重机、外用电梯、大型模板支撑系统等项目。检查应严格对照相关标准进行。工程实行总承包的,当存在两个或多个分包单位共同或交叉施工时,验收性检查应由总承包单位组织,对相关作业部位的安全作业环境条件进行验收和移交。

3　生产安全隐患分为重大隐患和一般隐患。重大隐患是指在生产过程中,存在的危害程度较大、可能导致群死群伤或造成重大经济损失的隐患,或危害和整改难度较大,应当全部或局部停产停业,并经过一定时间整改治理方能排除的隐患,或因外部因素致使企业自身难以排除的隐患;其他属生产安全一般隐患。

4　施工单位是事故隐患排查治理的责任主体,应结合工程特点.建立健全事故隐患排查、建档、治理、验收、销号的工作制度,并设专人负责。建设、监理及相关单位应积极配合施工单位做好重大事故隐患的排查治理工作。

5　施工单位应定期组织安全生产管理人员、工程技术人员和其他相关人员排查施工安全事故隐患。对排查出的重大事故隐患,应登记建档、制定专项治理方案,明确治理的措施、资金、时限和责任人,并向监理单位、建设单位报告。

6　施工安全事故隐患排查治理内容包括:

1)施工安全法律法规、标准规范和规章制度的贯彻执行情况;

2)安全生产责任制和责任追究制的建立和落实情况;

3)安全生产专项费用的提取和使用情况;

4)危险性较大工程,特别是深基坑工程、高边坡工程、高大模板工程、施工起重机械设备以及脚手架工程等专项施工方案的编制、专家论证和实施情况;

5)安全培训教育情况,特别是进城务工人员、特种作业人员培训教育和“三类人员”的培训考核及持证上岗情况;

6)应急救援预案的制定、演练以及有关应急物资设备的配备和维护情况;

7)施工班组安全事故隐患定期巡查记录、自查自纠和销号情况;

8)事故报告和处理,以及对有关责任单位和责任人的追究和处理情况。

7　施工安全事故隐患排查治理应以防范脚手架、施工起重机械事故和规范安全防护用品的使用为重点,主要内容包括:

1)模板支撑系统的施工方案的编制、审批、专家论证、交底、验收等情况;

2)建筑起重机械的备案登记、安装、拆卸、检测、验收、使用、维修保养等情况;

3)安全帽、安全带和安全网等安全防护用品的采购、查验、检测、使用情况。

8　施工安全事故隐患治理应做到五落实,即“方案落实、材料落实、资金落实、进度落实、责任落实”。

8.3　安全管理

8.3.1　建立健全安全生产管理制度,设置安全管理机构,配备安全管理人员

1　施工单位安全生产管理制度是安全生产工作的行为准则,制度应明确施工单位安全生产各阶段管理的内容、程序与职责分工,包括但不局限于安全生产会议制度、安全生产责任制及考核制度、安全生产专项费用管理制度、安全生产检查评价制度、“平安工地”考核评价制度、安全事故隐患排查治理制度、安全生产教育培训制度、施工安全技术交底制度、施工安全风险评估制度、专项施工方案的编制和审核制度、生产安全应急管理制度、生产安全报告制度、施工设备安全管理制度、劳动防护用品配备和管理制度、施工现场消防安全责任制度、危险品安全管理制度、分包单位安全管理考评制度、特种作业人员管理制度、安全生产奖罚制度、施工单位项目部主要负责人带班制度、施工作业操作规程以及其他法律法规和行业内规章制度等。宜以汇编形式印发。

2　施工单位应设置安全管理机构,施工现场应按照年产值5000万元施工合同额配备一人的比例配备专职安全员,年产值不足5000万元的至少配备一人。

3　施工单位应建立安全生产领导小组,组长由项目经理担任,副组长由安全总监、副经理、总工程师担任,成员由各相关职能部门负责人,以及分包单位负责人组成。安全生产领导小组下设办公室由安全管理职能部门负责人兼任。施工单位应绘制安全生产领导小组机构示意图并张贴。

8.3.2　安全教育培训和安全技术交底

1　各参建单位应严格执行国家、地方、行业及企业对员工教育培训的有关规定,适时组织员工和特种作业人员的教育培训工作,从业人员应按规定持有效的资格证书上岗。未经安全生产教育培训考核或者培训考核不合格的人员,不得上岗作业。安全教育培训相关要求参照《生产经营单位安全培训规定》(国家安全生产监督管理总局令第80号)。

2　建设单位主要负责人、各单位负责人和安全生产管理人员安全生产教育培训应依照国家应急管理部或相关行业主管部门制定的安全生产教育培训大纲实施,并满足初次安全培训时间不得少于32学时,每年再培训时间不得少于12学时的规定。新上岗从业人员安全生产教育培训时间不得少于24学时。班组长每年接受安全生产教育培训的时间不得少于24学时,班组其他员工每年接受安全生产教育培训的时间不得少于16学时。

3　安全技术交底应由施工单位项目部技术负责人负责实施,实行逐级安全技术交底制度。横向涵盖项目部内各职能部门,纵向延伸到施工班组全体作业人员,任何人未经安全技术交底不准作业。安全技术交底应涵盖工程概况、施工方法、施工程序、安全技术措施等内容。

4　各分部分项工程负责人和技术人员应将专项施工方案和专项安全施工方案细化为具有可操作性且易于接受的职业健康安全环保作业指导书,并向所有现场作业人员、

管理人员以及安全管理人员进行讲解和交底。

5 各级讲解和交底均应以书面形式进行并各方签认,并注明签认时间。

8.3.3 安全生产专项费用管理

1 安全生产专项费用是指企业按照规定标准提取,在成本中列支,专门用于完善和改进企业或者项目安全生产条件的资金。

2 安全生产费用管理应坚持“规范计取,合理计划,计量支付,确保投入”的原则,并按照有关规定、行业标准以及合同约定确定提取标准。

3 安全生产专项费用应根据国家有关规定,采用不低于建筑安装工程造价1.5%的比例计取,且不作为竞争性报价。建设单位在编制工程招标文件时,应明确安全生产专项费用的总金额或比例、预付金额或比例、计量支付方式与时限、具体使用要求、调整方式等条款。安全生产专项费用不足时,应协商解决。

4 应根据《中华人民共和国安全生产法》等有关法律法规和交通运输部《公路水运工程安全生产监督管理办法》,财政部、国家安全生产监督管理总局《企业安全生产费用提取和使用管理办法》的规定,结合项目特点,规范使用安全生产专项费。

8.3.4 特种设备和机械设备的安全管理要求

1 在采购与租赁(包括分包单位自带的)特种设备过程中,使用单位必须组织对特种设备生产厂家的生产许可证、该种类该型号产品的生产许可文件、产品出厂合格证、使用说明书、国家技术质量监督部门核发的安全检验合格证以及特种设备的实际安全技术性能进行审核和验收,保证其证照齐全,安全技术性能良好。不得采购与租赁不符合法律法规规定的特种设备。

2 特种设备的制造、安装、拆除、维保作业必须由具备相应制造、安装、改造、维修资质的单位实施。

3 特种设备使用前,应按照国家和行业的有关规定,在使用地的技术质量监督部门、行业主管部门进行备案,办理使用登记手续。属于在使用地需要重新接受安全检验的特种设备,应主动申请检验。

4 特种设备的安装、拆除、维保及作业必须由具备相应特种设备作业人员证件的人员操作。

5 特种作业人员必须按照特种设备安全技术操作规程进行指挥和操作。施工生产现场负责人应对依规操作进行现场管控。

8.3.5 特种作业人员持证及教育培训要求

1 特种作业人员持证及教育培训要求参照《特种作业人员安全技术培训考核管理规定》(国家安全生产监督管理总局令第30号)。

2 特种作业人员必须经专门的安全技术培训并考核合格,取得《中华人民共和国特种作业操作证》(以下简称特种作业操作证)后,方可上岗作业。

3　特种作业操作证有效期为6年,在全国范围内有效。特种作业操作证每3年复审1次。

4　特种作业操作证申请复审或者延期复审前,特种作业人员应当参加必要的安全培训并考试合格。安全培训时间不少于8个学时,主要培训法律、法规、标准、事故案例和有关新工艺、新技术、新装备等知识。

5　桥梁施工涉及特种作业有:电工作业、焊接与热切割作业、高处作业以及特种设备操作作业等。

6　患有器质性心脏病、癫痫病、美尼尔氏症、眩晕症、癔症、帕金森病症、精神病、痴呆症、高血压、贫血以及影响肢体活动的神经系统等疾病的人员,不得从事特种作业、高空作业和其他高危场所作业。

7　施工单位应每年组织管理人员进行健康体检。项目现场作业人员进场前必须进行健康体检,体检报告存档,并逐一建立人员信息和健康档案,形成管理台账备查。人员进场后的体检每年至少进行一次。

8.3.6　消防设施及标志标牌管理

1　在设计、组织及实施施工生产过程中应同时组织消防设施的设计、组织及实施,确保施工现场整体场地布置符合消防安全管理要求。各单位驻地及作业场所可能发生火灾多为固体火灾、电气火灾,ABC型干粉灭火器满足要求。

2　现场消防器材的配置应满足以下要求:

1)临时设施的区域内,每100m^2面积配备2只10L灭火器。

2)大型临时设施总面积超过1200m^2,应备有专供消防用的积水桶(池)、黄沙池等设施,上述设施周围不得堆放物品。

3)临时木、机具间等每25m^2面积配备一套种类合适的灭火器,油库、危险品仓库应配备足够数量、种类合适的灭火器。

3　施工现场内应设置临时消防车道,临时消防车道与在建工程、临时用房、可燃材料堆场及其加工厂距离不宜小于5m,且不宜大于40m;施工现场周边道路满足消防车通行及灭火救援要求时,施工现场内可不设置临时消防车道。

4　消防安全标志设置应满足以下要求:

1)办公、生产、生活区应当按要求设置消防安全标志。

2)办公区、生活区等人员密集场所的安全出口应设置“安全出口”标志,在远离安全出口的地方,应将“安全出口”与“疏散通道方向”标志联合设置。

3)下列场所应设置“禁止烟火”“当心火灾”等标志:

(1)具有甲、乙、丙类火灾危险的仓库或防火区内。

(2)汽油、柴油、油漆等甲、乙、丙类液体储存区域内。

(3)氧气、乙炔等助燃、可燃气体储罐或罐区堆放场所。

(4)火工品库房、临时放置点的防火、防爆区内。

(5)甲乙丙类液体及其他化学危险品的运输工具上。

4)消防安全标志应设置在显眼处,设置时应避免出现内容相互矛盾、重复的现象。

5 施工现场出入口、施工起重机械等设备出入通道口和沿线交叉口应设置安全标志,安全标志包括禁止标志、警告标志、指令标志和提示标志。其使用按照现行《安全标志及其使用导则》(GB 2894)的规定执行,标志的设置位置应合理、醒目,能使观察者引起注意、迅速判读、有必要的反应时间或操作距离。主要机具、设备及施工工序操作规程牌,应设置在操作室或操作区域。

6 根据工程特点和不同的施工阶段,现场安全标志标牌应及时准确地增补、删减或变动,实施动态管理。

8.3.7 重点风险和高危作业现场管控办法

1 危险作业包括危险性较大(超过一定规模的危险性较大)的分部分项工程和可能引发群死群伤的施工作业。

2 危险作业包括以下施工作业:

1)危险性较大的分部分项工程。

2)超过一定规模的危险性较大的分部分项工程。

3)首件、首次、典型施工。

4)有限空间作业。

5)其他易发生群死群伤的施工作业。

3 项目实施前,应根据危险源辨识情况,确定本项目可能存在的危险作业,并作为现场安全管控重点,做好相关的安全技术措施准备工作,对危险作业实行许可管理,危险作业必须取得《施工作业许可证》。

8.3.8 现场领导带班作业要求

1 施工企业项目负责人施工现场带班生产要求应参照住房和城乡建设部《建筑施工企业负责人及项目负责人施工现场带班暂行办法》(建质〔2011〕111 号)、交通运输部《公路水运工程施工企业项目负责人施工现场带班生产制度(暂行)》(交质监发〔2012〕576 号)相关文件有规定。

2 “项目负责人带班生产”是指项目负责人在施工现场组织协调工程项目的安全生产活动。项目负责人每月带班生产时间不得少于本月施工时间的80%。

3 项目负责人带班生产时,应全面掌握工程项目的安全生产状况,加强对重点部位、关键环节的控制,及时消除安全隐患,认真做好带班生产记录并签字存档备查。出现下列情况时,项目负责人必须现场轮流带班生产:

1)工程项目出现险情或发现重大隐患时。

2)实施危险性较大的分部分项工程时。

3)各项工序进行典型施工时。

4)防抗台风、暴雨、洪水、泥石流等重大自然灾害的应急响应、处置或灾后恢复生产和节假日时。

8.3.9　应急救援方案、演练及应急物资

1　工程项目安全生产应急管理应遵循“以人为本、安全第一,居安思危、预防为主”的原则。

2　参建单位应根据建设工程施工的特点、范围,对施工现场易发生安全生产重大事故的部位、环节进行监控,并制定施工现场生产安全事故应急救援预案。

3　实施施工总承包的,应由总承包单位统一组织编制建设工程生产安全事故应急救援预案,工程总承包单位和分包单位应按照应急救援预案做好应急管理工作。

4　参建单位应建立应急救援组织或者配备应急救援人员,明确兼职应急救援队伍人数。原则上,合同价不大于5000万元的,人数不少于15人;5000万元以上的,每增加3000万元,人数增加5人。应配备必要的应急救援器材、设备,并定期组织演练。

5　生产安全事故发生后,参建单位应按照国务院《生产安全事故报告和调查处理条例》(国务院令第493号)规定,及时、准确报告安全生产事故的内容,保护事故现场,配合事故调查处理工作。

6　项目应急预案分为总体预案、专项预案和现场应急处置方案。应急预案编制参照现行《生产经营单位安全生产事故应急预案编制导则》(GB/T 29639)的规定实施。

7　应急预案演练可采取桌面演练、书面演练和现场演练等形式。演练前应制定演练方案并向参演人员进行技术交底,演练后,要真实记录演练情况,针对演练过程中发现的问题进行总结、修改完善,并再次进行交底。